企業価値がわかる
財務分析講座

辻本 臣哉【著】
TSUJIMOTO SHINYA

中央経済社

はじめに

株式投資を行う際，投資先企業を選ぶための最もベーシックな方法は，個別企業の財務分析（ファンダメンタルズ分析）である。投資対象となる企業の過去の業績を分析し，それに基づいてその企業の将来の利益やキャッシュフローを予想する。そして，その予想をベースとして，その企業の理論株価を算出するというものである。その結果，理論株価と現在の株価を比較して，割安であれば購入し，その後株価が上昇し割高となれば売却する。

本書は，こうしたファンダメンタルズ分析をできるだけわかりやすく説明することを目的としている。アセットマネジメント会社に入社したジュニア（バイサイド）アナリストや，証券会社に入社したジュニア（セルサイド）アナリストが，実務で身に着けていく手法を講座形式で紹介する。大学や大学院で使われているテキストと違い，できるだけ実務に直結した説明になるよう努めている。言い換えれば，理論的な精緻さよりも，企業分析という実務に役立つかどうかの視点を重視している。また，アナリストやアナリストを目指す人だけでなく，企業の経営層，IR担当者，財務担当者などにもお役に立てるよう意識している。

本書は，３章構成となっている。

第１章は，導入部分である。投資家が企業のファンダメンタルズを分析する際のフレームワークを紹介する。さらに，次の章を理解するための基礎的な内容も担っている。

第２章は，実際のファンダメンタルズ分析である。できるだけ，数値例を用いて実践形式を意識している。理論的に正しいとされても，実務上不可能な場合は，理論に変更を加えたり，単純化を行う。すなわち，理論と実務のギャップがあり，正解のない作業であるが，できるだけ読者と寄り添っていきたい。また，読者が実際に企業のファンダメンタルズ分析を行うときに，マニュアルとして利用していただくことも考慮している。

最後の第３章は，昨今のトピックスを取り上げている。ファンダメンタルズ分析も日進月歩しており，常に新しいテーマを取り入れていく必要がある。この章では，環境・社会・コーポレートガバナンス（ESG）分析，エンゲージメント，AIなどを紹介している。

ファンダメンタルズ分析は，株式投資はもちろんのこと，インベストメント・バンキング，コンサルティングなど応用できる分野はかなり広い。読者が，本書を少しでも実務に役立てていただければ幸いである。

2025年２月

辻本　臣哉

目　次

第2章　アナリストによる企業分析 ―― 49

第3章　昨今のトピックス ―― 119

*Column*一覧

第 1 章

投資家は企業のどこを見ているのか？

この章では，ポートフォリオ・マネージャーやアナリストが最重視している指標について説明する。結論から申し上げると，投資収益率と資本コストである。株主自らが投資した資金に対するリターンが投資収益率である。投資資金は多いほうがリターンが大きくなるが，資金自体はタダで調達できることはない。銀行借入の場合，支払利息を支払わなければならないのと同じように，株主からの調達にもコストがかかる。これが，株主資本コストである。そして，この投資収益率が株主資本コストを上回る場合，価値が創出される。以下では，この価値創出のプロセスについて紹介する。

1　ROEと株主資本コスト

株主は資金を拠出しているため，この資金に対するリターンが最重要である。まず，株主の拠出資金は，企業の貸借対照表の中の「株主資本（自己資本）」，すなわち純資産部分となる。一方，株主にとってのリターンは最終利益，すなわち当期純利益となる。すると，投資収益率は，以下のように計算され，これは自己資本利益率（ROE）と呼ばれ，投資家が最重視する指標の 1 つである。

$$\text{自己資本利益率（ROE）}=\frac{\text{当期純利益}}{\text{株主資本}}$$

企業は事業を行うため，資金を外部から調達するが，その調達先は大きく株主からの調達と銀行からの調達（あるいは社債の発行）に分けられる。銀行からの調達は借入金となり，銀行には金利を支払う。一方，株主に支払われるものは配当だが，実際のコストはこの配当よりも大きい。このコストは，株主が投資先企業に求める最低リターンで，株主資本コストと呼ばれる。株主資本コストの計算方法は，CAPM（資本資産価格モデル）など様々なものがあるが，詳細は後の章で紹介する。ここでは，投資家（株主）が要求する最低水準のリターンと考えていただければ十分である。

投資家が最重視するのは，ROEと株主資本コストとなる。収益とコストととらえることができる。そして，重要なのが，このROEと株主資本コストの差である。ROEと株主資本コストの差がプラスであれば，その分だけ株主価値が創出される。一方，それがマイナスであれば，その分だけ株主価値が棄損される。そのため，投資家はROEを重視し，その改善を投資先企業に求めるのである。

こうしたROEと株主資本コストの関係を示すものとして，残余利益という概念がある。

$$残余利益_1 = 当期純利益_1 - 株主資本コスト \times 株主資本_0$$

この残余利益がプラスであれば，その額だけ株主価値が創出される。一方，残余利益がマイナスであれば，その額だけ株主価値が棄損されることになる。この式は，以下のように変形でき，ROEと株主資本コストの関係を表している。細かな点ではあるが，残余利益でのROEの計算は，一期前の株主資本でその期の当期純利益を除する。一般的には，前述したようにROEの計算では，株主資本と当期利益の期をそろえる（あるいは，分母の株主資本は，前期と今期の平均を取る場合もある)。ただし，あまり大きな違いとはならない。

$$残余利益_1 = (ROE_1 - 株主資本コスト) \times 株主資本_0$$

この場合のROEの計算式は下記のようになる。

$$ROE_1 = \frac{当期純利益_1}{株主資本_0}$$

設例１－１

（問題）

以下のような業績の企業Ａを考えてみる。

企業Ａ社の業績 （単位：億円）

年度	2019	2020	2021	2022	2023
当期純利益	1,000	1,050	1,100	1,150	1,200
配当金	500	525	550	575	600
株主資本	20,000	20,525	21,075	21,650	22,250

Ａ社の社長は，「当社は，連続増益を続けており，配当性向も50％で株主に報いています。株主は，この業績にたいへん満足していると思います。」と語っている。株主資本コストを８％とした場合，この社長の言っていることは正しいのだろうか？

（解答）

たしかに，連続増益や配当なども重要な項目である。しかし，投資家の最大の関心事は，ROEと株主資本コスト，及びその差である。ROE，株主資本コスト，残余利益を示したものが以下である。

企業Ａ社の業績 （単位：億円）

年度	2019	2020	2021	2022	2023
当期純利益	1,000	1,050	1,100	1,150	1,200
配当金	500	525	550	575	600
株主資本	20,000	20,525	21,075	21,650	22,250
ROE（%）		5.3%	5.4%	5.5%	5.5%
株主資本コスト（%）		8.0%	8.0%	8.0%	8.0%
株主資本コスト（額）		1,600	1,642	1,686	1,732
残余利益		-550	-542	-536	-532

ROEは５％程度で，株主資本コスト８％を毎期下回っている。その結果，残余利益は毎期500億円以上の赤字となっている。言い換えれば，Ａ社は毎期500億円以上株主価値を棄損していることになる。したがって，株主はＡ社の業績にまったく満足していない。

> 株主資本コストは，支払利息のように支払わなければ倒産するようなコストではなく，また，財務諸表に表示されることはない。さらに，投資家によっても最低要求リターンは異なる。その結果，経営者は，株主資本コストへの意識は高くない。投資家は，そのことを念頭におき，対話等を通じて株主資本コストの存在を経営者に認識させる必要がある。

第1節のポイント

- 投資家が投資した資金に対するリターンが，自己資本利益率（ROE）である。
- 投資家（株主）が要求する最低水準のリターンが株主資本コストである。
- ROEと株主資本コストの差がプラスであれば，その分だけ株主価値が創出される。一方，それがマイナスであれば，その分だけ株主価値が棄損される。

2　企業は誰のものか？　―株主価値と企業価値―

企業は誰のものか。以前であれば，単純に株主と答えられたが，昨今はステークホルダー理論やESG（環境・社会・コーポレートガバナンス）投資が重要視されるようになり，答えはそう簡単ではない。株主以外にも，顧客，従業員，地域コミュニティ等様々なステークホルダーを意識することが求められている。ただし，資金の出し手という立場では，依然株主と債権者ということになる。したがって，企業全体の価値（企業価値）とは株主価値と債権者価値から構成される。

企業価値＝株主価値＋債権者価値

ファンダメンタルズ分析は，大きく株主価値を分析するものと企業価値を分析するものとに分けられる。この2つは，明確に分ける必要があるが，よく混同されることがあるので注意が必要である。株式投資の場合，株主価値を求めるアプローチだけで，十分ではないかという意見も考えられる。しかし，企業価値を求めた後，債権者価値（有利子負債）を除けば株主価値を求めることができる。実際，こうしたアプローチが株式投資ではとられることが多い。したがって，株主価値分析，企業価値分析，どちらのアプローチも重要である。

前節で紹介したROEと株主資本コストは，株主価値からのアプローチである。同様のアプローチは，企業価値からもできる。これが，投下資本利益率（ROIC）と加重平均資本コスト（WACC）となる。ROICは，以下のように計算される。

$$\text{投下資本利益率(ROIC)} = \frac{\text{税引後営業利益}}{\text{投下資本}} = \frac{\text{EBIT}(1-\text{税率})}{\text{株主資本}+\text{有利子負債}}$$

ここで，EBIT（Earnings Before Interest and Taxes）は，利払前・税引前利益である。株主からの拠出金（株主資本）と債権者からの拠出金（有利子負債）を合計したものが投下資本となる。そして，分子のリターンは，利払前の利益を使っていることに注目してほしい。支払利息は，債権者へのリターンであるため，株主と債権者両方を含んだROICのリターンには，この支払利息を含める必要がある。

図表1－1　ROE，ROICのイメージ

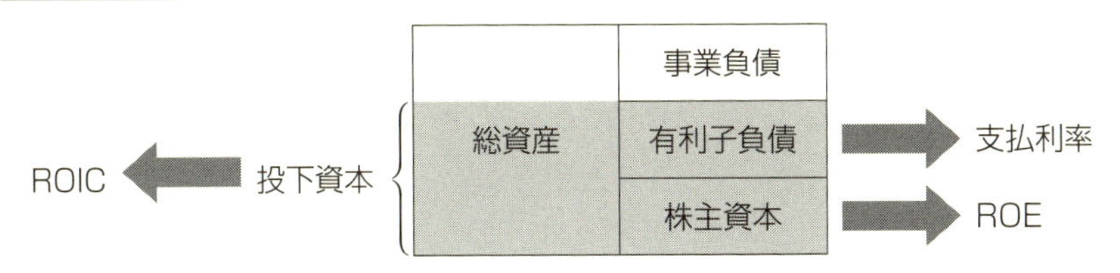

図表1－1は，ROEとROICのイメージを示している。まず，貸借対照表の右側，つまり負債・株主資本を見てみる。株主資本は，株主が拠出した資金で，そのリターンは当期純利益である。そして，その投資収益率は，当期純利益を株主資本で除したROEとなる。一方，債権者の拠出資金は有利子負債であり，

リターンは企業から見れば支払利息（債権者から見れば受取利息）である。そして，その投資収益率は，債権者のリターンである支払利息を，債権者の拠出資金である有利子負債で除した支払利率となる。ROICは，株主と債権者の拠出金を合算したものとして計算される。すなわち，分母は株主資本と有利子負債を合算したもので，分子のリターンは，株主のリターンと債権者のリターンを合算したもの，すなわち利払前・税引後利益となる。

次に，資本コストであるが，ROICと比較する資本コストは，株主資本コストと債権者資本コストの加重平均資本コスト（WACC）となる。WACCは，以下の式で導出する。

$$\mathrm{WACC}=\text{債権者資本コスト}\times(1-\text{税率})\times\frac{\text{有利子負債}}{\text{有利子負債}+\text{時価総額}}$$

$$+\text{株主資本コスト}\times\frac{\text{時価総額}}{\text{有利子負債}+\text{時価総額}}$$

いくつかポイントがある。株主資本コストは，通常債権者資本コストよりも高くなる。これは，株主のほうが債権者よりもリスクが高いからである。リスクが高いほど，資本コストは大きくなる。前述したが，資本コストは，資金の拠出者が要求する最低リターンでもある。よりリスクの高い投資を行っている者ほど，高いリターン，すなわち高い資本コストを求める。このことは，株主資本コストの中でも同様で，リスクの高い企業への投資ほど株主資本コストが高くなる。

次に，債権者資本コストには節税効果があることに注目してほしい。支払利息は，税法上損金算入ができるからである。債権者資本コストが株主資本コストよりも低く，さらには節税効果があるため，有利負債の比率が高い（レバレッジが高い）ほど，WACCは低くなる。ただし，WACCを下げるために有利子負債の比率を大きく高めると，倒産リスクが大きくなり，株主資本コスト，債権者資本コストとも上昇し，WACCを上昇させる要因となる。最後に，加重平均を求める場合に，簿価である株主資本ではなく，時価総額が用いられていることには注意が必要である。

以上がROICとWACCの説明であるが，ROEと株主資本コストの関係とまったく同じである。ただ，繰り返しになるが，ROICとWACCは企業価値のアプローチであり，一方，ROEと株主資本コストは株主価値のアプローチであることを認識する必要がある。そのため，ROICがWACCを上回っていれば，その分企業価値が創出され，下回っていれば，その分企業価値が棄損されることになる（ROEが株主資本コストを上回っていれば，その分株主価値が創出され，下回っていれば，その分株主価値が棄損される）。ROICとWACCの差額を額ベース（利払前・税引後営業利益－WACC×投下資本）にしたのが，経済的付加価値と呼ばれるものである。ROEと株主資本コストでの残余利益に相当する。この経済的付加価値は，米国スターン・スチュワート社が開発したEVA（Economic Value Added）に近い。ただし，EVAはさらに様々な調整を加えており，外部から正確なEVAの数値を計算することができない。したがって，外部からEVAを計算する場合は，この経済的付加価値を近似値として代用している。

$$EVA = EBIT(1 - \text{税率}) - WACC \times \text{投下資本}$$

最後に，ROEとROICの関係について説明する。ROEとROICには，以下のような式が成り立つ。

$$ROE = ROIC + (ROIC - (1 - \text{税率}) \times \text{支払利率}) \times \frac{\text{有利子負債}}{\text{株主資本}}$$

まず，ROEがROICから導出されることに注目してほしい。ROICが税引後支払利息を下回ることはほとんどない。したがって，式から，ROEはROICよりも高くなることがわかる（同様に株主資本コストはWACCよりも高くなっている）。上場企業で，ターゲットのROEとROICを発表している場合，ROE10%，ROIC 7 %といったような数値が言及されることがある。その場合，常にROEはROICよりも高くなっていることに注目してほしい。また，式から明らかなように，ROICの高い企業はROEも高くなり，レバレッジが高いほど

ROEは高くなる。

設例1－2

問題1

以下のような企業B，企業Cの2社を考えてみる。B社，C社とも調達資金は1兆円だが，調達方法が違っている。B社は株式での調達のみだが，C社は株式と有利子負債を同額（5,000億円）で調達している。EBITは2,000億円，支払利率は5％，税率は50％とする。B社とC社のROEを計算してみよう。

解答1

ROEの導出　（単位：億円）

	企業B	企業C
株主資本	10,000	5,000
有利子負債		5,000
EBIT	2,000	2,000
支払利息（利率5%）	-	250
利払後利益	2,000	1,750
税金（税率50%）	1,000	875
当期純利益	1,000	875
ROE	10.0%	17.5%

C社は支払利息を支払う必要があるため，当期純利益はB社よりも低い。しかし，C社の株主資本がB社の半分なので，ROEはB社より高くなる。

問題2

それでは，B社とC社のROICを計算してみよう。

解答2

ROICの導出　（単位：億円）

	企業B	企業C
株主資本	10,000	5,000
有利子負債		5,000
投下資本	10,000	10,000
EBIT	2,000	2,000
税金（税率50%）	1,000	1,000
利払前・税引後営業利益	1,000	1,000
ROIC	10.0%	10.0%

ROICは，B社，C社とも同じになる。C社のROEがB社よりも高かったのはレバレッジの影響である。言い換えれば，ROICはレバレッジの影響を受けない。前出した式で，B社，C社のROICから両社のROEを計算してみる。

B社：

$$10\% + (10\% - (1 - 50\%) \times 5\%) \times \frac{0}{10,000} = 10.0\%$$

C社：

$$10\% + (10\% - (1 - 50\%) \times 5\%) \times \frac{5,000}{5,000} = 17.5\%$$

同様の結果が得られる。

第2節のポイント

- 企業価値＝株主価値＋債権者価値
- ROEと株主資本コストは，株主価値の観点からのアプローチ。
- ROICと加重平均資本コストは，企業価値の観点からのアプローチ。
- ROICはレバレッジの影響を受けない。

Column 1

ROEとインフレーション

ROEは重要な指標ではあるが，問題がないわけではない。例えば，株主資本は簿価ベースである。すなわち，現時点での株主からの拠出金として考えるには問題がある。また，のれんの一時償却などが行われた場合，当期純利益は大幅に減少あるいは赤字におちいり，株主資本も大きく減少する。ただし，その次の期からROEは，株主資本が大きく減少したため，高い水準となる。実態を伴わない会計処理にROEが影響されるといった問題である。

そうした問題の中で，重要なのがインフレーションである。よく国際比較などで，日本のROEが相対的に低いことが指摘される。欧米だけでなく，新興国と比較しても低いことが問題視されることもある。しかし，ROEの分子である当期純利益は現在のインフレーションが反映されたものであるが，分母の株主資本は過去の当期純利益が歴史的に積みあがったものであり，現在のインフレーションは部分的にしか反映されていない。したがって，高インフレーションが続いた新興国などの企業は，当期純利益と比較して株主資本が過小に評価され，結果としてROEの水準は相対的に高くなる。一方，日本のように長期にデフレーションが続いた国は，ROEが相対的に低くなる。したがって，日本と新興国のROEを単純比較することはできない。

3　ROEと株価との関係

株価水準の評価，すなわちエクイティ・バリュエーションとして，PER（株価収益率）やPBR（株価純資産倍率）が使われる。本節では，こうした指標とROEとの関係について説明する。

まず，PERは以下のように定義される。

$$\text{PER}=\frac{\text{時価総額}}{\text{当期純利益}}=\frac{\text{株価}}{\text{1株当たり当期純利益(EPS)}}$$

PERが高いほど株価は割高で，低いほど割安となる。しかし，この判断は，利益の成長率やリスクが同じであるという仮定の下で成り立つ。実際，成長率が高いほどPERは高くなり，リスクが高いほどPERは低くなる。したがって，PERだけで単純に株価を評価することはできない。よく行われるのは，当該企業の過去のPERを時系列で比較し，現在の位置を評価することである。あるいは，同一セクター内でPERを比較するということが行われる。この場合，同一セクター内では，利益の成長率とリスクが似ているという前提がある。

PERに成長率を反映させる方法として，PEGレシオ（Price Earnings Growth Ratio）というものがある。

$$\text{PEGレシオ} = \frac{\text{PER}}{\text{EPS成長率}}$$

このPEGレシオが1倍以下なら割安，2倍以上なら割高と言われることがある。しかし，EPS成長率は予想値であるが，期間については言及されていない。また，このEPS成長率とPERがリニアな関係であるかどうかも不明である。したがって，理論的根拠に乏しく，PEGレシオは参考値と考えたほうが無難である。

理論株価を導出する最も古典的なバリュエーションモデルとして，配当割引モデルがある。以下がその定義である。

$$P = \frac{D_1}{1+r_e} + \frac{D_2}{(1+r_e)^2} + \frac{D_3}{(1+r_e)^3} + \cdots$$

$$P = \sum_{k=1}^{\infty} \frac{D_k}{(1+r_e)^k}$$

ここで，Pは株価，D_kはk期の1株当たり配当（DPS），r_eは株主資本コストである。この配当割引モデルに，一定の割合で配当が成長するという仮定を置くと，定率成長配当割引モデルとなり，以下のようになる。

$$P = \frac{D_1}{r_e - g}$$

gは配当の永久成長率である。配当性向を一定と考えると，EPSの永久成長率と考えることができる。このEPSの永久成長率として，サステナブル成長率が使われることがある。サステナブル成長率は，企業の内部留保のみを事業に再投資する仮定の下で，期待されるEPSの永久成長率であり，以下のように計算される。

$$\text{サステナブル成長率} = \text{ROE} \times \text{内部留保率} = \text{ROE} \times (1 - \text{配当性向})$$

一般的に，企業がサステナブル成長率を超える成長を続ける場合，内部資金では成長を補うことができず，外部資金が必要となる。一方，企業がサステナブル成長率を下回る成長を続ける場合は，資金余剰となっていく。

このサステナブル成長率を定率成長配当割引モデルに導入する。

$$P = \frac{D_1}{r_e - \text{ROE} \times (1 - \text{配当性向})}$$

ROEが高いほど，P（株価）は高くなり，株主資本コストが低いほど株価は高くなる。そこで，この式の両辺をEPSで除すると以下のようになる。

$$\text{PER} = \frac{\text{配当性向}}{r_e - \text{ROE} \times (1 - \text{配当性向})}$$

この式からわかることは，PERの決定要因が，配当性向，ROE，株主資本コストからなることである。ROEが高く，資本コストが低いほど，PERは高くなる。ただし，配当性向とPERの関係については一概に言えない。配当性向が高いと，配当額が高くPERを高めるが，一方EPS成長率を低め，こちらはPERを低めるからだ。

次にPBRについて見てみる。PBRは以下のようになる。

$$\text{PBR} = \frac{\text{時価総額}}{\text{株主資本}} = \frac{\text{株価}}{\text{1株当たり株主資本(BPS)}}$$

PBRは1を超えているのが普通である。つまり，純資産（株主資本）以上の価値を企業が持っているからである。もし，PBRが1倍を下回ると，純資産以下の価値しかないということになり，そうした場合は，その資産を売却したほうが良いということになる。

もう少し，この問題を深めていく。残余利益についてはすでに説明したが，この残余利益を用いて，配当割引モデルと同様，株価を表すことができる。繰り返しになるが，残余利益は以下のように計算される。

$$RI_1 = NI_1 - r_e B_0$$

RI_kはk期の1株当たり残余利益，NI_kはk期のEPS，r_eは株主資本コスト，B_kはk期のBPSとする。配当割引モデル同様，株価は以下のように導出される。

$$P = B_0 + \frac{RI_1}{1 + r_e} + \frac{RI_2}{(1 + r_e)^2} + \frac{RI_3}{(1 + r_e)^3} + \cdots$$

$$P = B_0 + \sum_{k=1}^{\infty} \frac{RI_k}{(1 + r_e)^k}$$

ここで，配当割引モデルで用いたのと同様に，定率成長を前提とする。

$$P = B_0 + \frac{RI_1}{r_e - g}$$

$$P = B_0 + \frac{(ROE_1 - r_e) B_0}{r_e - g}$$

この場合のgは，残余利益の永久成長率である。ここで，両辺をBPSで除する。

$$PBR = 1 + \frac{(ROE_1 - r_e)}{r_e - g}$$

PBRもPER同様，ROEが高く，株主資本コストが低いほど高くなる。また，

PBRが１を下回る状況は，式から明らかなように，ROEが株主資本コストよりも低い場合である。前述したが，ROEが株主資本コストを上回ると，その分だけ株主価値が創出され，下回っていると，その分だけ株主価値が棄損されることになる。すなわち，PBRが１を下回るのは，株主価値が棄損され続ける状況を意味する。

設例１－３

問題

定率成長の配当割引モデルと残余利益モデルを前提とする。企業ＤのROE10％，株主資本コスト８％，配当性向50％，残余利益の永久成長率３％とした場合，PERとPBRの理論値を求めよ。PERの計算には配当の永久成長率，PBRの計算には残余利益の永久成長率を用いているため，PER×ROE＝PBRという一般式が成り立たないことに注意。

解答

$$PER=\frac{50\%}{8\%-10\%\times(1-50\%)}=16.7$$

$$PBR=1+\frac{10\%-8\%}{8\%-3\%}=1.4$$

第３節のポイント

- 理論PERは，定率成長の配当割引モデルから導出される。配当の永久成長率には，サステナブル成長率が使われることがある。
- 理論PBRは，定率成長の残余利益モデルで導出される。
- 理論PERや理論PBRでも，ROEが重要な役割を果たす。

4　PBR 1 倍割れ問題とその解決策

この節では，これまで説明してきたフレームワークを使って，日本の株式市場におけるPBR 1 倍割れ問題とその解決策について考察する。2023年 3 月，東京証券取引所は，「資本コストや株価を意識した経営の実現に向けた対応等に関するお願いについて」を発表し，プライム市場とスタンダード市場に上場する約3,300社を対象に，株価水準を分析して，改善するための具体策を公表するよう要請した。この時点で，PBRが 1 倍を割り込む企業は，約1,800社と対象企業の半分以上となっていた。これは，他国の証券取引所に上場している企業のPBRと比較して，異常な状態である。

さらに，東証は同年10月に「『資本コストや株価を意識した経営の実現に向けた対応』に関する開示企業一覧表の公表等について」を発表した。ここで，PBR 1 倍未満企業の改善に向けた取組み内容が示されている。各取組み内容は，以下のようになっている。

「成長投資」

「株主還元の強化」

「サステナビリティ対応」

「人的資本投資」

「事業ポートフォリオ見直し」

「政策保有株の縮減」

「ガバナンス向上」

「IR強化」

まず，PBR 1 倍割れの解決策であるが，もう一度PBRの導出式を示す。

$$PBR = 1 + \frac{(ROE_1 - r_e)}{r_e - g}$$

式から明らかなように，PBR 1 倍割れとは，ROEが株主資本コストを下回る状態を言う。その解決策は，２つしかない。ROEを上げることと，株主資本コストを下げることである。

設例１－４

問題

前述した，東証が発表したPBR１倍未満企業の改善に向けた取組み内容であるが，個々の内容はROE及び株主資本コストにどのような影響をもたらすだろうか。

解答

「成長投資」

成長事業への投資なのでROEの改善につながる。ただし，成長投資への投資収益率が株主資本コストを上回っていることが前提である。

「株主還元の強化」

表面的に自社株買い等によってROEを改善するが，その分株主資本コストの上昇で相殺される。詳細は，次節で紹介する。それよりも，経営者が無駄な投資をすることを防ぐことから，投資家のリスク軽減，すなわち資本コストの低下に寄与する。

「サステナビリティ対応」

長期的にはROEの改善につながると考えられるが，即効性はない。それよりも，リスク軽減から株主資本コストの低下は期待できる。

「人的資本投資」

長期的にはROEの改善につながるが，これも即効性は期待できない。しかし，短期的には，人材の流出防止などのリスク軽減から，株主資本コストの低下は期待できる。

「事業ポートフォリオ見直し」

最も即効性のあるROE改善策である。

「政策保有株の縮減」
株主資本コストの低下が期待できる。

「ガバナンス向上」
「事業ポートフォリオ見直し」に貢献し，間接的にROEの改善に資する。詳細は後述する。また，株主資本コストの削減にも寄与する。

「IR強化」
株主資本コストの低下が期待できる。

ROEを上げるほうが，株主資本コストを下げるよりも，そのインパクトは大きい。ROEは数％の改善が見込まれるが，株主資本コストの低下はせいぜい１～２％と考えられる。したがって，取り組みの中でも，ROEの改善が見込まれるものが重要である。ただし，「サステナビリティ対応」と「人的資本投資」は，その効果が出るには相当長い期間がかかるので，実際大きな効果が期待できるのは，「成長投資」と「事業ポートフォリオ見直し」であると考えられる。また，「事業ポートフォリオ見直し」には「ガバナンス向上」が必要である。以下では，「事業ポートフォリオ見直し」を中心にROEの改善策について検討する。

多くの上場企業は，複数の事業を展開している。ただし，それぞれの事業の収益性に大きな差があることがある。各事業部門の収益性の評価については，ROICを用いる。ROEは，事業ごとに計算することができないが，ROICはそれが可能である。本書では，貸借対照表の負債・株主資本サイドから，ROICを導出したが，資産サイドからの導出も可能である。その場合，もちろん管理会計の数値が必要である。

各事業部門のROICの加重平均が全社ベースのROICとなる。各事業部門のROICをWACCと比較すると，どの事業部門が企業価値を創出し，どの事業部門が企業価値を棄損しているか明確になる。

図表1－2　各事業部門のROICと全社ROIC

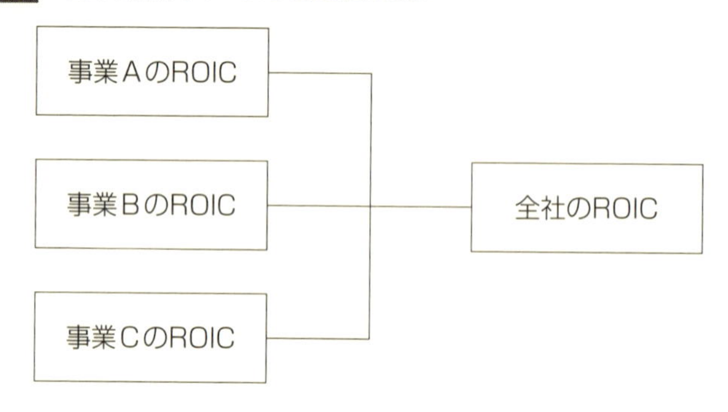

前述したが，ROICとROEはリンクしている。ROICを改善することによって，ROEの改善につながる。まず，「成長投資」だが，その事業のROICがWACCを上回っているのが前提である。全社のROICを改善する方法として2つ考えられる。1つが，各事業部門のROICを改善することであり，もう1つが「事業ポートフォリオの見直し」である。まず，事業部門のROICの改善は，極めてハードルが高い。競争がある中で，ROICを改善するためには，イノベーションやブランド力の構築等が必要となる。しかし，これには，相当長い時間が必要であり，また成功するかどうかもわからない。より現実的で，即効性のあるのが，もう1つの方法である「事業ポートフォリオの見直し」となる。

「事業ポートフォリオの見直し」は，ROICがWACCを上回っている事業に投資をし，ROICがWACCを下回っている事業には，ROICがWACCを上回るまでは投資を控えるというものである。また，ROICがWACCを下回っている事業に対して売却または撤退を行う。こうした事業ポートフォリオの見直しによって，ROICが高い事業のウエイトが相対的に高まり，全社のROICが改善する。

しかし，多くの日本企業では，事業ポートフォリオの見直しのペースが極めて遅い。高ROIC事業部門への積極的な投資を行うことには問題はないが，低ROIC事業部門への投資の抑制，あるいは事業部門そのものを縮小するという選択が難しい。さらに，より抜本的に，低ROIC事業部門からの撤退や売却を行うといった意思決定は，さらに難しくなる。ここに，日本企業特有のコーポレートガバナンスの問題があると考えられる。

日本企業は，終身雇用，年功序列，人事ローテーションという独特のシステムで高度成長期に大きな成功を収めた。しかし，その後，このシステム自体が日本企業の競争力を削ぐようになった。取締役会で言えば，社内の取締役が多数を占める企業が多い。その社内取締役は，新卒採用からその企業で働いている者たちである。経営の監督と業務執行が未分離であり，取締役会と経営会議の違いがあいまいになっている。その結果，取締役会には，CEOの他に，各事業部門のトップが取締役（専務取締役，常務取締役など）として出席していることが多い。各事業部門のトップは，会社全体の代表というよりは，各事業部門を代表しているという意識のほうが高い。その結果，彼らにとって各事業部門の便益が最優先される。

こうした中，低ROICの事業部門のトップが，自らの事業の縮小に大きな抵抗を示すことは容易に想像できる。さらに，その事業部門の撤退や売却には，あきらかに反対すると思われる。もちろん，彼らが自らの事業部門を撤退あるいは売却するという提案を出すことはない。さらに，そこには，その事業部門で働く従業員の雇用といった問題も生ずるのである。

こうした低ROICの事業部門は，過去その企業の収益を支えてきたというケースも多い。その後，その事業が，環境変化により低収益事業になっていったという経緯が考えられる。そのため，CEOを含めた他の社内取締役も，かつて花形であった功労者とも言える事業部門を縮小することには，躊躇する傾向がある。したがって，「ガバナンス強化」は，「事業ポートフォリオ見直し」にとって重要である。コーポレートガバナンスについては，別の章で詳しく見ていく。

第４節のポイント

- PBR１倍割れからの脱却には，「成長投資」と「事業ポートフォリオ見直し」が重要であると考えられる。
- 「事業ポートフォリオの見直し」は，ROICがWACCを上回っている事業に投資をし，ROICがWACCを下回っている事業には，ROICがWACCを上回るまでは投資を控える，あるいは売却または撤退を行うことである。
- 「事業ポートフォリオ見直し」には「ガバナンス向上」が必要である。

5　自社株買いの効果

前節でも触れたが，余剰資金で自社株買いを行い，株主還元を行う企業が増えてきている。また，投資家からも，そういった要求がされており，さらに，エンゲージメントを通じて自社株買いを求められている。実際，自社株買いの発表は，株式市場では好意的に受けとめられており，株価の上昇をともなっている。

設例１－５

問題

自社株買いによって株価が上昇する理由として，以下は正しいであろうか。銀行借入を通じて自社株買いを行ったことを前提とする。

（1）自社株買いによって，EPSは増加する。PERは一定なので，EPSの増加分だけ株価は上昇する。

（2）自社株買いによって，ROEは高くなり，株価はその分上昇する。

解答

（1）自社株買いによって，EPSが増加することは正しい。銀行借入を通じて自社株買いを行ったため，支払利息が増え，その分当期利益が減少する。しかし，自社株買いによって発行済み株式数も減少する。当期利益の減少よりも，発行済み株式数の減少の影響が大きく，多くの場合EPSは増加する。しかし，PERは一定ではない。レバレッジの上昇により，リスクが高まり，株主資本コストは増加する。その結果，PERは下落する。したがって，一概にEPSの増加が株価の上昇につながるとは言えない。

（2）自社株買いによって，ROEが高くなることは正しい。銀行借入を通じて自社株買いを行ったため，支払利息が増え，その分当期利益が減少する。しかし，自社株買いによって株主資本も減少する。当期利益の減少よりも，株主資本の減少の影響が大きく，多くの場合ROEは上昇する。しかし，レバレッジの上昇により，リスクが高まり，株主資本コストは増加する。ROEの上昇分を，株主資本コストの上昇で相殺するかもしれない。株価にとって重要なのは，ROEの水準ではなく，ROEと株主資本コストの差である。

設例1－5でみたように，自社株買いによる株価上昇の要因として，EPSの上昇やROEの増加は決定的なものではない。1つの要因と考えられるのは，シグナリング効果である。経営者と投資家の持っている情報は対等ではない。企業の中にいる経営者のほうが情報優位にあり，情報の非対称性が存在する。そのため，投資家は経営者の発するシグナルから，企業の情報を解釈する。自社株買いは，経営者が現在の株価が割安であると考えているというシグナルを送ることになる。投資家は，その結果，現在の株価が割安であると判断して，購入するという行動に出る。

そもそも，自社株買いは企業価値，株主価値にプラスの効果があるのであろうか。WACCを超えるROICのプロジェクトがあるのであれば，そちらに投資をすべきである。ROICとWACCの差分が，企業価値の創出となるからである。こうした投資を行わず，その資金を自社株買いに使うのであれば，企業価値，株主価値の増加を自社株買いで妨げていることになる。一方，企業がWACCを下回るプロジェクトに投資をしようとしている場合，企業価値の棄損を防ぐため，自社株買いを要求するのは，企業価値，株主価値の視点から正しい行動である。

昨今，投資家から自社株買いの要求が出されているが，本当に企業価値，株主価値の向上につながるかについて検討する必要がある。中には，シグナリング効果で一時的に株価が上がったところを売り抜くために，自社株買いを要求する投資家もいるだろう。企業が投資家の本当の意図を見抜くのは難しいと考えられるが，自社の企業価値，株主価値の観点から，最適な選択をすべきである。また，長期投資家は，成長投資を促すなど，こうした企業に適正な対話をすべきである。

第5節のポイント

- 自社株買いによる株価上昇の要因として，EPSの上昇やROEの増加は決定的なものではない。
- 株価上昇の要因として，シグナリング効果が挙げられる。自社株買いは，経営者が現在の株価が割安であると考えているというシグナルを送ることになる。
- 企業がWACCを下回るプロジェクトに投資をしようとしている場合，企業価値の棄損を防ぐため，自社株買いを要求するのは，企業価値，株主価値の視点から正しい行動である。

Column 2
株主還元と企業の長期成長

繰り返しになるが，投資収益率が資本コストを上回る投資案件があるなら，資金は設備投資に向けるべきである。しかし，こうした案件が常にあるとは限らず，また投資収益率も計画どおりになるかどうかも不透明である。そのため，企業も投資家も，確実性の高い，増配や自社株買いといった株主還元を選択する傾向がある。

しかし，長期に新規投資をせず，フリーキャッシュフローを株主還元に向けていると，低成長に留まると同時に，将来の成長ドライバーが枯渇してしまうことになる。短期的には，株主還元により株式市場の評価は得られるが，長期的には，どこかで成長投資を行わなければ，企業の存続さえ懸念される。実際，長年コスト削減で利益を出し，株主還元を継続し，株式市場から評価されてきた企業もある。しかし，それを長年続けてきた結果，縮小均衡に陥り，株式市場からの評価も失ってしまうことになる。昨今の投資家からの株主還元プレッシャーが高まる中，こうした低成長企業が増えることを懸念している。

したがって，企業も投資家も，リスクをとって新規投資に資金を向けることが検討されることが望まれる。株主還元の強化は否定されるものではないが，企業に有望な新規投資案件がない場合の代替手段に留まるものであると考えられる。

6　どのような資本構成がよいのか？

前節の自社株買いとも関連して，ここでは最適資本構成について考えてみたい。資本構成について，古典的な説は，1958年にフランコ・モディリアーニとマートン・ミラーによってとなえられた命題（MM理論第１命題）である。ここでは，完全資本市場のもとでは，資本構成は企業価値に影響を与えないと説かれる。完全資本市場とは，税金や手数料のない完全競争市場を前提としている。しかし，実際の市場では税金や手数料があるため，資本構成は，企業価値に影響を与えることになる。

もう一度，加重平均資本コスト（WACC）を見てみる。

$$\text{WACC} = \text{債権者資本コスト} \times (1 - \text{税率}) \times \frac{\text{有利子負債}}{\text{有利子負債} + \text{時価総額}} + \text{株主資本コスト} \times \frac{\text{時価総額}}{\text{有利子負債} + \text{時価総額}}$$

この式から明らかなように，債権者資本コストには節税効果があり，レバレッジを上げる（有利子負債の比率を上げる）ほど，WACCは下がることになる。WACCが下がれば下がるほど，企業価値は上昇する。しかし，レバレッジが上昇すると，倒産のリスクが高まり，その分債権者資本コストと株主資本コストも上昇し，その結果，WACCも上昇する（債権者資本コストの節税効果を上回っていく）。こうした状況をイメージ（レバレッジとWACC水準）で表したのが，**図表1－3**である。

この**図表1－3**で，WACCが最も低くなる資本構成比で企業価値が最大となり，最適資本構成が達成される。それでは，企業は常にこの最適資本構成を達成する必要はあるのであろうか。その場合，最適資本構成の左右によって状況が異なることを認識する必要がある。まず，最適資本構成の左側の状況を考えてみる。これは，レバレッジが低い状況であり，レバレッジを上げることで企業価値を上げることができる。レバレッジを上げるには，有利子負債で調達（デット・ファイナンス）を行い，増配や自社株買いなどを行うことで簡単にできる。一方，最適資本構成の右側の場合，すなわち高レバレッジの状況を考えてみる。この地点から，最適資本構成に移動するためには，エクイティ・ファイナンスを行う必要がある。後述するが，エクイティ・ファイナンスを行うことは極めて難しい。したがって，事業からフリーキャッシュフローを創出して，有利子負債を返済していくしかない。レバレッジの水準が高ければ，これも難しい。したがって，**図表1－3**の左から右に移動することは容易であるが，右から左に移動することは極めて難しいと言うことができる。レバレッジが高いと財務の柔軟性が失われることになる。

図表1－3　最適資本構成のイメージ図

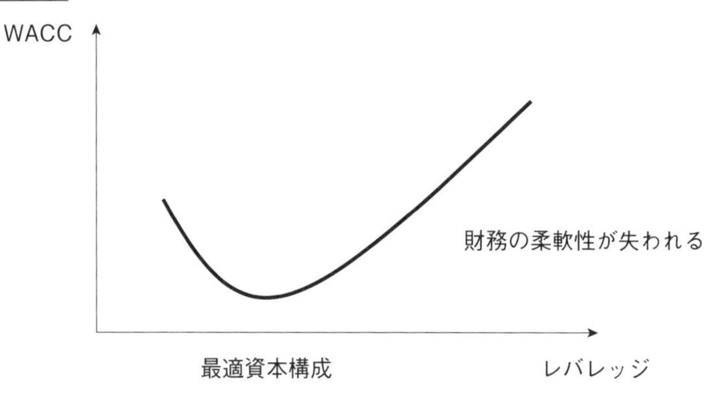

以上から，最適資本構成の位置にいることが最適であるとは言えない。たとえば，金融危機のような大きなリスクが具現化すると，最適資本構成の位置が移動する可能性がある。すなわち，より保守的な位置になり，**図表1－3**の左に移動するかもしれない。すると，最適資本構成の位置にいたつもりでも，状況が変われば高レバレッジの位置にいることになる。前述したが，この位置から新しい最適資本構成の位置に移るのは難しい。また，いつ資金が必要になるかわからない。こうした場合，エクイティ・ファイナンスは難しいのでデット・ファイナンスを使う必要がある。以上の状況を考えれば，最適資本構成の位置よりも，少し低レバレッジ（**図表1－3**の左側）にいたほうが無難である。実際，この場合，資金が必要になれば，まだデット・ファイナンスで調達できる。いわゆる，財務の柔軟性が確保されることになる。

また，最適資本構成は業種によって異なる。低成長，低リスクの産業ほど，レバレッジを高められる（公益業界，昔の総合商社等）。一方，高成長，高リスクの産業ほど，レバレッジは低くすることが求められる（IT，バイオ等）。

企業価値を考える場合，WACCの水準以外のことも考慮する必要がある。それが，負債による経営者の規律付けである。株主資本コストは，明示的に示されたものではないし，投資家によってその水準が異なることから，経営者はそのコストを意識することが難しい。また，経営者は株主資本コストを支払わなくても，法的な違反になることはない。たとえば，減配や無配にしても，法的には問題ない（株価は下落するであろうが）。一方，負債の場合は，支払利息は必ず支払わなければならないものである。そして，利息の支払いによって，有利子負債コストは，経営者に明確に意識づけされる。さらに，銀行によるモニタリングを受けることから，コーポレートガバナンス的にも有効である。日本企業は，高度成長期，デット・ファイナンスが中心であった。そのため，メインバンクによるモニタリングが行われ，負債の規律付けが働いていた。その後，金融の自由化とともに，日本企業の負債比率が低下して，負債の規律付けが緩んだ。一方，負債によるガバナンスから，株主によるガバナンスへの移行が期待されたが，持ち合い等により，株主によるモニタリングは限定的だったと考えられる。

次に，資金調達の方法に移る。資金調達の順番について有力な理論として，ペッキングオーダー理論がある。この理論によれば，企業は，内部資金，負債，株式の順番で資金調達を行う。

図表1－4　ペッキングオーダー理論

内部資金 → 負債調達 → 株式調達

この理論の前提として，経営者と株主の情報の非対称性がある。経営者は企業の中にいるため，企業の情報を十分持っている。一方，株主は，その企業の所有者であるが，企業の外部にいるため，限定的な企業情報しか持っていない。すなわち，経営者は情報の優位者，株主は情報の劣位者となる。したがって，株主は経営者の行動からシグナルを受け取り，判断を行う（前述した自社株買いのシグナリング効果と同じである）。その1つが，企業の資金調達であり，株主はシグナルを受け取る。そして，株式の発行は，経営者が自社の株式が過大評価されていると考えている（株価が高い間に調達する）と，投資家はとら

える。その結果，投資家は現在の株価が割高と判断し，売却を行い，結果として株価は下落する。社債の調達も，同様のシグナルを投資家は受け取るが，その影響は株式調達ほど大きくはない。内部資金からの調達は，このようなシグナルを投資家に送ることはない。したがって，資金調達の優先順位は，内部資金，負債，株式の順となる。

エクイティ・ファイナンスは，実際その実施が発表されると，株価はほとんどの場合下落する。その理由として，前述したシグナリングの影響以外に，EPSの下落（希薄化）やROEの下落が理由として挙げられる。しかし，これらの理由は，自社株買いのところで説明したのと同じ理由から決定的ではない。確かに，多くの場合，EPSやROEの下落を伴うが，株主資本コスト（債権者資本コストも含めて）が改善する。したがって，下落の主な要因は，主にシグナリング効果であると考えられる。

しかし，ROICがWACCを上回る投資のための調達であれば，株主は受け入れる可能性がある。一方，ROICがWACCを下回る投資のための調達であれば，企業価値は棄損され，投資家は受け入れることはできない。前述したが，レバレッジ改善のためのエクイティ・ファイナンスも難しい。デット・ファイナンスにおいても情報の非対称性から，エクイティ・ファイナンスと類似したシグナルを送る可能性はあるが，その影響は小さい。株価の反応は，ほとんどないことが多い。

設例1－6　急成長企業の資金調達

問題

今後5年間年率30％で成長する企業がある。現在（2023年）の資本構成は，株主資本5,000,000千円，有利子負債5,000,000千円で，デット・エクイティレシオ（D／E）は1倍である。以下のような5年間の予想であるが，問題点は何であろうか。

	2024（予想）	2025（予想）	2026（予想）	2027（予想）	2028（予想）
売上高	10,000,000	13,000,000	16,900,000	21,970,000	28,561,000
営業利益	1,000,000	1,300,000	1,690,000	2,197,000	2,856,100
支払利息（利率3%）	150,000	150,000	150,000	150,000	150,000
税前利益	850,000	1,150,000	1,540,000	2,047,000	2,706,100
法人税等（税率50%）	425,000	575,000	770,000	1,023,500	1,353,050
当期純利益	425,000	575,000	770,000	1,023,500	1,353,050
配当金	-	-	-	-	-
減価償却費	1,000,000	1,300,000	1,690,000	2,197,000	2,856,100
運転資本増加額	1,200,000	1,560,000	2,028,000	2,636,400	3,427,320
設備投資	2,500,000	3,250,000	4,225,000	5,492,500	7,140,250

解答

問題点は資金調達である。資金調達方法が決まっていないので，まず支払利息の水準を一定としてネットキャッシュフローを計算する（計算方法の詳細は，第2章参照）。

	2024（予想）	2025（予想）	2026（予想）	2027（予想）	2028（予想）
当期純利益（＋）	425,000	575,000	770,000	1,023,500	1,353,050
減価償却費（＋）	1,000,000	1,300,000	1,690,000	2,197,000	2,856,100
運転資本増加額（－）	1,200,000	1,560,000	2,028,000	2,636,400	3,427,320
設備投資（－）	2,500,000	3,250,000	4,225,000	5,492,500	7,140,250
配当金	-	-	-	-	-
ネットキャッシュフロー	-2,275,000	-2,935,000	-3,793,000	-4,908,400	-6,358,420

たとえ無配であっても，高い水準で資金不足となり，このネットキャッシュフローのマイナスを資金調達で埋め合わせなければならない。エクイティ・ファイナンスが難しい場合，デット・ファイナンスに依拠することになるが，その場合のD／Eの水準は以下のように予想される（有利子負債の増加に合わせて，支払利息も増加を予想している。細かいことだが，ここでは支払利息の計算に，前期の有利子負債の水準を用いている）。

	2024（予想）	2025（予想）	2026（予想）	2027（予想）	2028（予想）
売上高	10,000,000	13,000,000	16,900,000	21,970,000	28,561,000
営業利益	1,000,000	1,300,000	1,690,000	2,197,000	2,856,100
支払利息（利率3%）	150,000	218,250	307,324	423,474	574,828
税前利益	850,000	1,081,750	1,382,676	1,773,526	2,281,272
法人税等（税率50%）	425,000	540,875	691,338	886,763	1,140,636
当期純利益	425,000	540,875	691,338	886,763	1,140,636
当期純利益	425,000	540,875	691,338	886,763	1,140,636
減価償却費	1,000,000	1,300,000	1,690,000	2,197,000	2,856,100
運転資本増加額	1,200,000	1,560,000	2,028,000	2,636,400	3,427,320
設備投資	2,500,000	3,250,000	4,225,000	5,492,500	7,140,250
配当金	-	-	-	-	-
ネットキャッシュフロー	-2,275,000	-2,969,125	-3,871,662	-5,045,137	-6,570,834
株主資本	5,425,000	5,965,875	6,657,213	7,543,976	8,684,612
有利子負債	7,275,000	10,244,125	14,115,787	19,160,924	25,731,758
D/E	1.3	1.7	2.1	2.5	3.0
ROE	7.8%	9.0%	10.2%	11.4%	12.5%

これほどのレバレッジを，銀行や社債投資家が許容しない場合，エクイティ・ファイナンスができなければ倒産ということになる。急成長企業にとって，資金調達は最重要課題である。それでは，成長率がどの水準になれば，資金調達を考える必要があるのであろうか。１つの目安として，前述したサステナブル成長率がある。

サステナブル成長率＝ROE×内部留保率＝ROE×（1－配当性向）

この企業の場合は，内部留保率が100％であるので，ROEがサステナブル成長率となり，7.8％（2024年予想ベース）である。これを超える成長率が続く場合は，資金調達をする必要がある可能性が高い。当社の場合，30％の成長率なので，明らかに資金不足で，資金調達の必要がある。

第6節のポイント

- 債権者資本コストには節税効果があるため，レバレッジを上げるほど，WACCは下がり，企業価値が上昇する。しかし，さらにレバレッジが上昇すると，倒産のリスクが高まり，その分債権者資本コストと株主資本コストも上昇し，その結果，WACCも上昇し，企業価値は下落する。
- WACCが最も低くなる構成比で企業価値が最大となり，最適資本構成が達成される。ただし，財務の柔軟性を考慮すれば，最適資本構成の位置よりもレバレッジを低くしておくのが無難である。
- レバレッジを上げることは容易であるが，高いレバレッジを低めることは難しい。エクイティ・ファイナンスが容易でないからである。
- 急成長企業は，資金調達を念頭に置く必要がある。資金調達が必要かどうかの目安として，サステナブル成長率を使用する。

Column 3
無借金企業

WACCの式から明らかなように，無借金企業がレバレッジを使うことによって企業価値を向上することが可能である。著者が若い頃，いくつかの企業は無借金であることを誇っていた。経営陣に対して，無借金は最善の策ではなく，レバレッジを用いることによって企業価値が向上することを主張したが，よくお叱りを受けたことを覚えている。株主還元要求があたりまえになった現在の状況を考えると，隔世の感がある。

ただし，ある無借金上場企業のCFOは，以前多くの銀行借入に依存していたことを語っていただいた。銀行から資金を強引に回収される経験をしたため，二度と借入は行わないと言われた。これには，納得した覚えがある。

7　資本コストの推定

資本コストは，投資家（株主及び債権者）が求める最低水準の期待リターンである。それをどのように推定するか，様々な手法を紹介する。資本コストは，後述するエクイティ・バリュエーションで重要な役割を果たすことになるが，ここに１つ重要なルールが存在する。予想する配当やフリーキャッシュフローが実質値なら資本コストも実質値に，配当やフリーキャッシュフローが名目値なら資本コストも名目値にする必要がある。予想値である分子，割り引く分母を一致させるのである。

ただし，アナリストは過去の財務諸表を基に配当やフリーキャッシュフローを予想するが，これらの過去の数値は名目値である。したがって，予想する配当やフリーキャッシュフローも名目値になるので，資本コストも名目値を使う。そのため，リスクフリーレートも名目値（将来の予想インフレ率を加える）であり，長期国債が使われることが多い。本書も資本コストについては名目値を用いる。

資本コストは，株主資本コストと債権者資本コストからなる。債権者資本コストは，借入金の利率や社債の最終利回りを用いる（デフォルトプレミアムを調整することもある）。したがって，本節の以下の説明は，株主資本コストの推定が中心である。

(1)　エクイティ・バリュエーション式と市場価格からの推定

すでに紹介したが，配当割引モデル（DDM）の一定成長を前提とした定率成長配当割引モデルは，以下のようになる。

$$P = \frac{D_1}{r_e - g}$$

Pは理論株価，D_1は１期の１株当たり配当（DPS），r_eは株主資本コスト，

gは配当の永久成長率である。この式を以下のように変形すると，株主資本コストの推定式になる。

$$r_e = D_1/P + g$$

ここで，Pに理論株価ではなく，現在の株価を導入する。すると，株主資本コストは予想配当利回りと配当の永久成長率で決定されることがわかる。参考までに，gにサステナブル成長率を用いると式は以下のようになる。

$$r_e = D_1/P + ROE \times (1 - 配当性向)$$

最近は，以下のバリュードライバー式と呼ばれるものも使われる。ここでのgは配当ではなく，EPSの期待成長率である。

$$P = \frac{EPS_1 \times \left(1 - \frac{g}{ROE}\right)}{r_e - g}$$

この式も，株主資本コストを求める式に変形して，Pに理論株価ではなく現在の株価を導入する。

$$r_e = \frac{EPS_1 \times \left(1 - \frac{g}{ROE}\right)}{P} + g$$

これらの手法は比較的安定的な株主資本コストを導出できるが，gの水準に大きく左右される。gをどのように導出するかが課題となる。

（2）CAPM（資本資産価格モデル）

株主資本コストの推定で，最もよく用いられているのが，CAPMである。CAPMは以下のように定義される。

$$E(R_i) = r_f + \beta_i [E(R_m) - r_f]$$

$E(R_i)$ ：株式 i の期待リターン
r_f ：リスクフリーレート
β_i ：株式 i のベータ
$E(R_m)$ ：市場(TOPIX)の期待リターン
$E(R_m) - r_f$ ：株式のリスクプレミアム

リスクフリーレートは，インフレーションを考慮する必要があるため，10年国債の利回りが使われる。ベータについては，次に説明する。株式のリスクプレミアムは，過去の実績に基づくが，日本市場の場合，これが難問となる。1989年以降，株価は大きく低迷してきたため，どの期間をとるかでリスクプレミアムが大きく異なってしまう。方法としては，できるだけ長い期間をとるほうが良いとされる（米国の場合，100年以上のデータを集計すると，だいたい6％程度のリスクプレミアムとなっており，安定している)。

ベータは以下のような市場モデル（回帰式）が一般的に用いられる。

$$R_i = \alpha + \beta R_m + \varepsilon$$

個別企業 i のリターンを市場（TOPIX）リターンに対して回帰させる。問題は，どの程度の期間をとるかである。計測期間が短すぎては，特殊要因が除去できない。また，計測期間が長すぎると，その間に企業のリスク特性も変化してしまっている可能性がある。したがって，慣例的に行われるのは，月次リターンで5年というものである。サンプル数は60となる。ただし，この個別企業のベータに調整を加えることもある。ベータに平均回帰傾向があることから，ブルームバーグでは，以下のような調整を行っている。

$$\text{調整}\beta_i = 0.33 + (0.67) \times \beta_i$$

こうしたベータの調整が必要な理由は，ベータが計測期間により不安定であるからだ。この問題の解決のために，業種ベータが用いられることもある。個別企業よりも，業種全体，すなわちポートフォリオとしてのベータのほうが安定しているからである。業種（ポートフォリオ）ベータからレバレッジを調整して，個別企業ベータを算出する方法である。この方法は，３つのステップからなる。まず，業種（セクター）ベータを求める。次に，業種ベータをアンレバード（レバレッジがない状態）にする。最後に，アンレバード業種ベータに個別企業のレバレッジを反映させて，個別企業のベータを求める。

アンレバードベータの計算に際して，まず，以下のようなベータの方程式を導入する。

$$\beta = \beta_u + \frac{D}{E_p}(\beta_u - \beta_d) - \frac{V_t}{E_p}(\beta_u - \beta_t)$$

β_u：アンレバードベータ
β_d：有利子負債のベータ
β_t：支払利息による節税効果のベータ
D：有利子負債
E_p：時価総額
V_t：支払利息による節税効果の現在価値

この方程式に２つの仮定を置く。すなわち，節税効果のベータはアンレバードベータと等しいということと，有利子負債のベータは０であるという仮定である。これにより，方程式は以下のように簡略化される。

$$\beta = \frac{E_p + D}{E_p}\beta_u$$

この方程式に基づいて，計測した業種ベータをアンレバード（レバレッジがない状態）化する。

$$\beta_{usj} = \frac{E_{psj}}{E_{psj} + D_{sj}} \beta_{sj}$$

β_{usj}：業種 j のアンレバードベータ
β_{sj}：業種 j のベータ
E_{psj}：業種 j（に含まれる企業）の時価総額
D_{sj}：業種 j（に含まれる企業）の有利子負債

そして，このアンレバード業種ベータから，個別企業のベータを求める。同じ方程式を用いて，各企業のレバレッジの状況を反映させる。

$$\beta_{i} = \frac{E_{pi} + D_{i}}{E_{pi}} \beta_{usj}$$

β_{i}：株式 i のベータ
E_{pi}：株式 i の時価総額
D_{i}：株式 i の有利子負債

(3)　その他の株主資本コストの算出方法

株主資本コストの計測には，その他にも数多く存在する。その1つが裁定価格理論（Arbitrage Pricing Theory，APT）である。裁定取引の概念を用いて，様々なファクターから資産価格を決定する理論である。しかし，ファクターを特定することができず，実務では使われなかった。その後，様々なファクターモデルが開発されたが，その1つがファーマー・フレンチ3ファクターモデルである。本書は，マルチファクターモデルの紹介が主旨ではないので，詳細は省略し，概念的なことだけを説明する。ファーマー・フレンチ3ファクターモデルの概念を図示すると以下のようになる。

図表1－5　ファーマー・フレンチ3ファクターモデルのイメージ

CAPM
　＋SMB（大型株に対する小型株の超過リターン）
　＋HML（B/Mの低い株式に対する高い株式の超過リターン）

ここで，B／Mは簿価時価比率でPBRの逆数である。このモデルは，アカデミックではよく用いられるが，実務ではあまり用いられていない。手間がかかることもあるが，CAPMに対する3ファクターモデルの優位性が，アカデミックほど評価されていないのかもしれない。実務では，業績予想という，たいへん不確実の高いことを行うため，それ以外のことについては，よほど大きな優位性がない限り，簡略化する傾向にある。

それよりも，実務上大きな課題となっているのが，環境（E），社会（S），ガバナンス（G）というESGファクターをどのように分析に反映させるかである。詳細は，最後の章で説明するが，配当（利益）やキャッシュフロー予想に反映させるルートと，資本コストに反映させるルートの2つがあり，その両方に理論的な根拠が求められている。

ここでは，株主資本コストについて触れる。ESGの優れた企業は，ESGの劣った企業よりもリスクが低いということは，コンセンサスになっている。たとえば，環境問題に取り組んでいる企業は，政府の環境規制強化のリスクが低い。また，従業員の満足度の高い企業は，離職リスクが低い。これらを，どのように株主資本コストに反映させるかが課題となる。1つの方法として，アセットマネジメント会社独自のESGレーティングや，外部のESG評価会社のレーティングを用いて，株主資本コストを増減させる。たとえば，ESGレーティングで5段階（Aが最も高く，Eが最も低い）にランク付けし，資本コストに反映させるといったものである。

図表1－6 ESGレーティングと資本コスト

ESGレーティング	資本コストの増減
A	－1.0％
B	－0.5％
C	±0.0％
D	＋0.5％
E	＋1.0％

ここで問題になるのは，1.0や0.5といった数値である。ESGによって資本コストが影響されることは確かであるが，こうした数値は故意的であり，理論的根拠が薄い。ESGを企業分析に取り入れるのはコンセンサスとなっているため，今後様々な手法が開発されると考えられる。

以上のような，データ等から株主資本コストを計測する方法以外のものもある。株主資本コストは，株主が企業に求める最低水準のリターンである。したがって，株主によってその求める水準が異なっている。言い換えれば，株主資本コストは各株主が企業に求めるものである。そのため，彼らに株主資本コストを聞くということも１つの方法である。もちろん，その背景には，各株主，投資家が，それぞれCAPMなどを使ってその数値を導出している可能性もある。2014年に公表された経済産業省による伊藤レポート（『持続的成長への競争力とインセンティブ～企業と投資家の望ましい関係構築～』プロジェクト）最終報告書では，上場企業に対してROE８％を要求している。その根拠として，投資家に対して行った株主資本コストの水準についてのアンケート調査をあげている。その結果，国内投資家52社の平均が6.3％，海外投資家47社の平均が7.2％となっている[1]。これらも，株主資本コストを考えるうえで貴重な情報である。

1 経済産業省（2014）「『持続的成長への競争力とインセンティブ～企業と投資家の望ましい関係構築～』プロジェクト（伊藤レポート）最終報告書」

設例１－７

（問題）

以下のような企業がある。ある投資家が，この企業の株主資本コストが15％だと推計し，ROEを15％以上にするよう求めてきた。このエンゲージメントは妥当であろうか。株式市場全体の前提として，リスクフリーレートを２％，株式のリスクプレミアムを５％とする。

【企業の前提条件（単位：円)】

EPS	100
DPS	50
BPS	1,000
株価	2,000
ベータ	1.2
リスクフリーレート	2.0%
株式のリスクプレミアム	5.0%

（解答）

まずこの企業のROEは以下のようになる。

$$ROE = \frac{EPS}{BPS} = 10\%$$

この投資家の株主資本コストの計測が正しければ，ROEを現在の1.5倍にする必要がある。ここで，DDMによる株主資本コストの導出を行ってみる。

$$r_e = \frac{D_1}{P} + ROE \times (1 - \text{配当性向}) = 2.5\% + 10\% \times (1 - 50\%) = 7.5\%$$

次に，CAPMによる推計を行ってみる。

$$E(R_i) = r_f + \beta_i [E(R_m) - r_f] = 2.0\% + 1.2 \times 5.0\% = 8.0\%$$

どちらの推計方法でも現在のROEの水準10％は，株主資本コストを十分上回っている。もちろん，投資家によって株主資本コストは異なるが，この投資家のような15％という株主資本コストは高すぎる。企業は，盲目的にこの投資家によるエンゲージメントを受ける必要はない。

第7節のポイント

- 株主資本コストに割り引く対象は，配当など名目値であることから，株主資本コストも名目値になる。すなわち，適切なインフレ率を反映させる。たとえば，リスクフリーレートは長期国債の利回りとなる。
- 株主資本コストの導出は，市場の株価から配当割引モデルで導出する方法や，CAPMなどがある。
- ESGをどのように株主資本コストに反映させるかは，現在大きな課題となっている。

Column 4　低すぎる日本企業の株主資本コスト

様々な株主資本コストの導出方法について紹介してきたが，やはり一番普及しているのがCAPMである。ただし，このCAPMを用いると日本企業の株主資本コストが低い水準で計算されてしまう。

理由は2つある。1つは，本論でも触れた株式のリスクプレミアムである。バブル以降長期にわたって株式市場が低迷したため，過去の実績値を用いると，この株式リスクプレミアムの水準が低くなる。何年遡るかによるが，米国のような6％といった水準にはなかなか届かない。もう1つは，リスクフリーレートにある。こちらも，日本の超低金利が続いたため，世界から見ると低水準となっている。株式リスクプレミアム，リスクフリーレートとも低水準であるため，株主資本コストも必然的に低水準となる。

したがって，CAPMだけでなく，他の方法も併用しながら，適正な株主資本コストの水準を探る必要がある。

8　投資評価法

ここでは，様々な投資評価法，すなわち，投資プロジェクトを実行するかどうかを決定する方法について説明する。これらの手法は，後の章で説明するエクイティ・バリュエーションと密接に関わっているので，その導入の役割も果たす。

まず，伝統的に行われている手法，すなわち回収期間法と会計ベースの投資収益率を紹介した後，最も使われているNPV（正味現在価値）法，収益性インデックス，IRR（内部収益率）法を説明する。

（1）　回収期間法

以下のようなプロジェクトを想定する。100億円の投資で，毎年予想されるキャッシュ・インフローを記載している。

図表1－7　回収期間法の例

投資額　100　（単位：億円）

年	1	2	3	4	5
キャッシュフロー	30	40	30	20	20

回収期間法は，初期投資額が何年で回収できるかを測定する。この例では，100億円は3年（30億円＋40億円＋30億円）で回収できることになる。4年目，5年目のキャッシュ・インフローは考慮されないが，リスクの観点から何年で回収できるかは重要であり，回収期間法は意義があると考えられる。

（2）　会計上の投資収益率

会計上の投資収益率は以下のように求められる。

$$会計上の投資収益率 = \frac{年平均キャッシュ・インフロー}{投資額}$$

回収期間法で用いた例でこの投資収益率を計算すると以下のようになる。

$$年平均キャッシュ・インフロー = (30 + 40 + 30 + 20 + 20)/5 = 28$$

$$会計上の投資収益率 = \frac{28}{100} = 28\%$$

この会計上の投資収益率であるが，キャッシュフローの時間的価値を考慮していない。これは，回収期間法も同じである。すなわち，1年目のキャッシュ・インフローと5年目のキャッシュ・インフローを同じに評価している。時間的価値を考慮すれば，1年目の価値のほうが5年目よりもずっと大きくなる。これについては，次のNPV法で説明する。

（3） NPV法

キャッシュフローの時間的価値について説明する。通常，資金を預金したら複利で増えていくことになる。たとえば，金利7％とし，100億円預金したと考える。**図表1－8**がその結果である。

図表1－8 複利計算

（単位：億円）

年	1	2	3	4	5
キャッシュフロー	107	114	123	131	140

複利計算は，現在の価値を将来価値に転換したものであるが，時間的価値は，将来価値を現在価値に転換するものである。そして，複利計算のための金利は，時間的価値では割引率となる。割引率は，投資家が求める（最低水準の）期待リターン，あるいは資本の機会費用である。

回収期間法や会計上の投資収益率で用いた例で，キャッシュ・インフローの現在価値を計算すると，**図表1－9**のようになる。

図表1－9　NPV計算

投資額　100　（単位：億円）

年	1	2	3	4	5	合計
キャッシュフロー	30	40	30	20	20	
割引率	1.07	1.14	1.23	1.31	1.40	
現在価値	28	35	24	15	14	117

キャッシュ・インフローの現在価値は117億円であり，投資額100億円よりも17億円大きい。したがって，この投資は承認すべきである。NPVとは，このキャッシュ・インフローの現在価値と投資額との差をいう。

NPV＝キャッシュ・インフローの現在価値－投資額

初期投資額以外にも，拠出金がある場合は，NPVはより一般的に次のように表される。

NPV＝キャッシュ・インフローの現在価値－キャッシュ・アウトフローの現在価値

NPV＞0なら投資は決行され，NPV＜0なら投資は却下される。それではNPV＝0の場合はどうであろうか。この場合も投資は決行される。NPV＝0は，リターンが0ということではない。この場合のリターンは，割引率，すなわち，投資家が求める（最低水準の）期待リターンとなる。

アカデミックでは推奨されることの多いNPV法であるが，もちろん欠点もある。初期投資額が100億円でNPVが30億円の投資案件と，初期投資額が50億円でNPVが20億円の投資案件があった場合，どちらがより好まれるであろうか。NPVだけで考えれば，前者であるが，投資額は100億円もかかり，後者の2倍である。この問題の解決策として，次に説明する収益性インデックスがある。

(4) 収益性インデックス

収益性インデックスは，以下のように定義される。

$$収益性インデックス＝\frac{キャッシュイン・フローの現在価値}{キャッシュアウト・フローの現在価値}$$

NPVで取り上げたNPV＝17億円の投資案件の収益性インデックスは以下のようになる。

$$収益性インデックス＝\frac{117}{100}＝1.17$$

また，これも前述した２つの投資案件をこの収益性インデックスで導出すると，初期投資額が100億円でNPVが30億円の投資案件では，収益性インデックスは1.30となり，初期投資額が50億円でNPVが20億円の投資案件では，収益性インデックスは1.40となる。したがって，後者のほうがより好ましいとなる。ただし，1.30や1.40という収益性インデックスは，リターンではないことには注意が必要である。ここには，割引率すなわち投資家の求める最低水準の期待リターンが含まれていない。リターンとして導出するのが，次のIRR法になる。

(5) IRR法

ここで，もう一度NPV法の計算式を示す。初期投資が行われ，５年間のキャッシュ・インフローがもたらされる場合である。

$$NPV=\frac{CF_1}{(1+r)}+\frac{CF_2}{(1+r)^2}+\frac{CF_3}{(1+r)^3}+\frac{CF_4}{(1+r)^4}+\frac{CF_5}{(1+r)^5}-初期投資$$

ここで，NPV＝０としてｒを逆算する。このｒがIRRとなる。再び，これまで使用してきた例を用いる（**図表１−10**）。

図表1－10　IRR法の例

投資額　100　（単位：億円）

年	1	2	3	4	5
キャッシュフロー	30	40	30	20	20

この例示をIRR計算式に導入する。

$$0=\frac{30}{(1+r)}+\frac{40}{(1+r)^2}+\frac{30}{(1+r)^3}+\frac{20}{(1+r)^4}+\frac{20}{(1+r)^5}-100$$

エクセルのゴールシークでｒを逆算すると13.8%となる。すなわち，IRRは13.8%となる。これは，割引率７%よりも高いため，投資は決行される。

図表1－11　IRR法の計算例

投資額　100　（単位：億円）

年	1	2	3	4	5	合計
キャッシュフロー	30	40	30	20	20	
割引率	1.14	1.30	1.47	1.68	1.91	
現在価値	26	31	20	12	10	100

IRR法は，まさにNPV法とコインの裏表の関係にある。IRR法における投資の決定は，IRRと割引率（投資家が要求する最低水準の期待リターン，資本の機会費用）の関係から決定される。IRRが割引率より高ければ，投資は決行される。IRRが割引率より低ければ，投資は却下される。IRRが割引率と等しい場合も，投資は決行される。IRRは，まさに期待リターンであり，これが投資家の要求する最低水準の期待リターンと等しいのであれば，投資家の要求をみたすことになる。ちなみに，IRRが割引率に等しい場合というのは，NPVが0であるときである。

IRR法は，実務家には好まれている。これは，期待リターンとして計算でき，わかりやすいからである。収益性インデックスは，一見リターンのように思われるが，割引率，すなわち，投資家が要求する最低水準の期待リターンが反映されていない。IRR法の欠点は，NPV法の長所でもある（一方IRR法の長所は，NPV法の欠点である）。すなわち，率としてとらえられるが，額がわからないことである。

IRRが20%で，投資額が10億円の投資案件と，IRRが15%で，投資額が100億円の案件があった場合どちらを選ぶかが問題となる。資金予算が100億円あった場合は，後者を選ぶことになるであろう。前者のほうがIRRは高いが，額が小さすぎるからである。以上からわかることは，投資評価法としてどれを使うかというよりは，NPV法，収益性インデックス法，IRR法を併用して，総合判断をすることが望ましい。

（6）　投資評価方法の応用

これまでプロジェクトの投資評価方法を説明してきたが，この方法は，債券や株式の評価方法にも応用される。債券の評価方法について，ある社債の例を取り上げる。額面100万円，毎年のクーポン5万円（表面利率5%），満期まで7年が残っている。投資家の割引率（債券投資家の資本コスト）が3%であるとすると，この債券の理論価格は**図表1－12**のように計算される。

図表1－12　**債券価格の算出**

投資額　100　　（単位：万円）

年	1	2	3	4	5	6	7	合計
クーポン	5	5	5	5	5	5	105	
割引率	1.03	1.06	1.09	1.13	1.16	1.19	1.23	
現在価値	4.9	4.7	4.6	4.4	4.3	4.2	85.4	112.5

ここで，現在の債券価格が110万円であったとすると，この債券への投資によるNPVは以下のようになる。

NPV＝112.5万円－110万円＝2.5万円

したがって，この投資は実行してもよいことになる。次に，IRRの計算は，現在の債券価格110万円を用いて，IRRを逆算する。その結果，IRRは3.4％となる。

図表1－13　債券の最終利回りの算出

額面　100　　　　　　　　　　　　　　　　　　（単位：万円）

年	1	2	3	4	5	6	7	合計
クーポン	5	5	5	5	5	5	105	
割引率	1.03	1.07	1.10	1.14	1.18	1.22	1.26	
現在価値	4.8	4.7	4.5	4.4	4.2	4.1	83.2	110.0

IRR，すなわち最終利回り3.4％は，割引率3.0％よりも高い。したがって，IRR法でも，この債券への投資は正当化される。

株式の評価の場合は，満期がないため，永久に配当（利益）やキャッシュフローが続くことが前提となるが，債券の場合と大きく変わることはない。最大の問題は，配当やキャッシュフローが予想ベースであるということである。明示的な予想期間の後，ターミナルバリューを計算することになる。詳細は，エクイティ・バリュエーションの節で説明するが，プロジェクト評価等との重要な類似点だけ紹介する。配当割引モデル（DDM）やディスカウント・キャッシュフローモデル（DCF）によって，配当やフリーキャッシュフローを資本コストで割り引いて，理論株価を求める。まず，割引率が株主資本コストとなる（DCFの場合は，株主資本コストと債権者資本コストの加重平均）。理論株価と現在の株価の差が，NPVである。そして，現在の株価が理論株価に到達するアップサイド（ダウンサイド）比率が，収益性インデックスに通じる。ただし，このアップアサイドやダウンサイドは，その株式に投資する期待リターンではない。なぜなら，株主資本コストの期待リターンが含まれていないからである。もし，期待リターンを計測したのであれば，エクイティ・バリュエーションモデルの理論株価に現在の株価を導入して，IRRを逆算する方法がある。つまり，エクイティ・バリュエーションでも，NPV，収益性インデックス，IRRが基本となっている。

設例 1 − 8

問題

以下のような投資プロジェクトがある。このプロジェクトの会計上の投資収益率，NPV，収益性インデックス，IRRを求めよ。割引率は７％を用いる。

投資額　100　（単位：億円）

年	1	2	3	4	5
キャッシュフロー	20	30	20	30	40

解答

会計上の投資収益率は以下のようになる。

$$会計上の投資収益率 = \frac{年平均キャッシュ・インフロー}{投資額} = \frac{(20+30+20+30+40)/5}{100}$$

$$= 28\%$$

これは，本文中で示した例の場合と同じ会計上の投資収益率になっている。次にNPVは以下のように計算される。

投資額　100　（単位：億円）

年	1	2	3	4	5	合計
キャッシュフロー	20	30	20	30	40	
割引率	1.07	1.14	1.23	1.31	1.40	
現在価値	19	26	16	23	29	113

キャッシュ・インフローの現在価値から投資額を差し引いて，NPVを求める。

$$NPV = 113万円 - 100万円 = 13万円$$

NPVは正の数値なので，この投資は正当化される。本文中で示した例と今回の設例では，各年のキャッシュフローが同じで，ただその順番が異なっている。その結果，会計上の投資収益率は同じとなるが，NPVは17万円と13万円という違いが生じている。高いキャッシュフローが，早い年に発生するほど，キャッシュフロー全体の現在価値は高まる。

次に収益性インデックスは以下のようになる。

$$収益性インデックス = \frac{キャッシュイン・フローの現在価値}{キャッシュアウト・フローの現在価値} = 113/100 = 1.13$$

最後に，モデル上NPVが0になるようにIRRを逆算すると，11.2%となり，割引率7%よりも高いため，IRR法でも，この投資は正当化される。以下の表で，割引率にこのIRRの11.2%をあてはめている。結果，NPVが0となっていることが確認できる。

投資額　100　（単位：億円）

年	1	2	3	4	5	合計
キャッシュフロー	20	30	20	30	40	
割引率	1.11	1.24	1.37	1.53	1.70	
現在価値	18	24	15	20	24	100

第8節のポイント

- 投資評価法では，伝統的に回収期間法，会計ベースの投資収益率などがあるが，現在は，NPV（正味現在価値）法，収益性インデックス，IRR（内部収益率）法が中心である。
- NPV法，収益性インデックス，IRR法は，それぞれ長所と短所があるため，どれか1つを選ぶよりは，併用されることが多い。
- NPV法，収益性インデックス，IRR法は，それぞれ関連している。NPV＝0は，収益性インデックスが1，IRRが割引率と等しくなるときである。

第2章

アナリストによる企業分析

この章では，株式アナリストがどのように企業分析を行っているかについて紹介する。株式アナリストは，業種別に担当している。たとえば，自動車セクター担当アナリスト，医薬品セクター担当アナリスト等といった担当別になっている。企業分析は，セクターによっても異なり，また分析対象企業によっても異なる。さらには，アナリストによっても分析方法は異なる。したがって，アナリストによる企業分析を標準化することは困難であるが，この章では，できるだけ汎用性のある分析手法を紹介したい。

1　企業分析のプロセス

企業分析は，大きく３つのプロセスから構成される。まず，分析対象企業の過去の分析を行う。だいたい過去10年程度の分析を行う。もちろん，損益計算書，貸借対照表，キャッシュ・フロー計算書といった財務諸表分析は基本であるが，それと並行してその企業に関連したセミマクロ指標（粗鋼生産，自動車販売台数，住宅着工，原油価格等）の分析も同時に行う必要がある。

次に，過去分析を基に業績予想を行う。予測期間は，５年が多いが，３年や10年といった場合もある。この予測期間は，だいたいアナリストが所属する企業によって決められている。予測は，過去分析で行ったスプレッドシートを５年延長するイメージである。繰り返しになるが，この場合，財務諸表だけでなく，セミマクロ指標も5年間の予想を行う。

最後にエクイティ・バリュエーションを用いて，理論株価を算出する。5年間の業績予想がベースとなり，その後はターミナルバリューを算出して合算を行う。本書では，エクイティ・バリュエーションとして，配当割引モデル（DDM），ディスカウント・キャッシュフローモデル（DCF），残余利益モデル（RIM），経済的利益モデル（EVA）の4つを紹介する。

図表2－1　企業分析プロセス

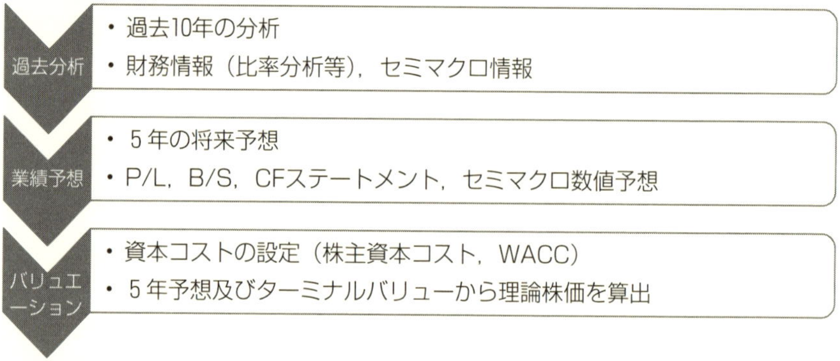

過去分析	・過去10年の分析 ・財務情報（比率分析等），セミマクロ情報
業績予想	・5年の将来予想 ・P/L，B/S，CFステートメント，セミマクロ数値予想
バリュエーション	・資本コストの設定（株主資本コスト，WACC） ・5年予想及びターミナルバリューから理論株価を算出

設例2－1

問題

企業分析のプロセスとして，過去分析，業績予想，エクイティ・バリュエーションの3つを紹介したが，一番難しいのはどれであろうか。

解答

業績予想である。アナリスト経験が10年，20年あっても，この業績予想を行うのは非常に難しい。ただし，経験年数は，より正確に業績予想を行うのに役立つことも確かである。詳細は，後の節で説明する。過去分析は，いかにセミマクロ指標と財務諸表分析を統合するかがポイントであり，これが難しいのであるが，対処可能である。一方，エクイティ・バリュエーションはテクニックなので，本書で十分習得できる。

第１節のポイント

- 企業分析のプロセスは，過去分析，業績予想，エクイティ・バリュエーションの３つに分けられる。
- 最も困難なのは業績予想である。

Column 5

アナリストの適性

ジュニア・アナリストには，たいへん呑み込みが早く，すぐに企業分析手法に熟達する優秀な人もいる。一方，なかなか理解が進まず，一人前になるのに時間を要する人もいる。しかし，その後の活躍を見ると，必ずしも優秀な人が成功しているとは言えない。アナリストは，非常に地道な仕事である。同じ企業に何度も取材し，その都度，業績予想のスプレッドシートをアップデートする。それを，何年も繰り返すことになる。優秀な人の中には，こうした作業に飽きてしまい，分析が雑になっていくことがある。

アナリストとしての適性は，やはりこうした企業分析が好きかどうかである。何年も同じ企業を取材していても，その中に新しい発見をし，それに喜びを得られる人に適性があるように思われる。個人的な感想だが，歩みは遅くとも，愚直に続けられる人が成功する可能性が高いように思う。

2　過去分析における財務諸表分析

ここでは，過去10年間の財務諸表分析に用いられる比率分析を紹介する。最初に，最も重要であるROEについて説明する。前述したように，ROEは以下のように計算され，株主資本コストと比較される。

$$自己資本利益率（ROE）＝\frac{当期純利益}{株主資本}$$

このROEは，以下のように3つに分解される。

$$\text{ROE}=\frac{\text{当期純利益}}{\text{株主資本}}=\frac{\text{当期純利益}}{\text{売上高}}\times\frac{\text{売上高}}{\text{総資産}}\times\frac{\text{総資産}}{\text{株主資本}}$$

ROE＝売上高当期純利益率×総資産回転率×財務レバレッジ

ROEは，このように3つのレバーから構成されている。業種や企業によって3つのレバーの数値は異なっているが，売上高当期純利益率と総資産回転率は，反比例の関係がある。たとえば，医薬品セクターの場合は売上高当期純利益率が高く，総資産回転率が低い。小売りセクターの場合は売上高当期純利益率が低く，総資産回転率が高い。言い換えれば，売上高当期純利益率を上げようとすると総資産回転率が下がり，総資産回転率を上げようとすると売上高当期純利益率が下がるという傾向がある。ROEは，次のようにも展開できる。

$$\text{ROE}=\frac{\text{当期純利益}}{\text{株主資本}}=\frac{\text{当期純利益}}{\text{総資産}}\times\frac{\text{総資産}}{\text{株主資本}}$$

ROE＝総資産当期純利益率（ROA）×財務レバレッジ

売上高当期純利益率と総資産回転率を乗じたものがROAとなる。したがって，売上高当期純利益率と総資産回転率が反比例の関係にあることから，このROAを上げることは容易ではない。そのため，ROEを上げるのに比較的容易なのが財務レバレッジである。しかし，財務レバレッジは上げすぎるとリスクが高まり，株主資本コストが大きく上昇する。したがって，財務レバレッジには一定の制限がある。

もちろん，前述したROICも重要な指標である。

$$\text{投下資本利益率（ROIC）}=\frac{\text{税引後営業利益}}{\text{投下資本}}=\frac{\text{EBIT}(1-\text{税率})}{\text{株主資本}+\text{有利子負債}}$$

ROEの分解式に戻るが，売上高当期純利益率は収益性指標，総資産回転率は効率性指標，財務レバレッジは安全性指標に分類される。ROE，ROA，

ROIC以外でよく使われる収益性指標は以下のものがある。

$$売上高総利益率（粗利益率）=\frac{売上総利益}{売上高}$$

$$売上高営業利益率=\frac{営業利益}{売上高}$$

$$売上高経常利益率=\frac{経常利益}{売上高}$$

売上高総利益率は，商品やサービスの収益性を示す。一方，売上高営業利益率は企業の本業での収益性を示し，売上高経常利益率は本業だけでなく財務活動による収益も加えた収益性を示している。セグメント利益は，主に営業利益が採用されているため，相対的に売上高総利益率の重要性が下がっている。しかし，医薬品セクターや小売りセクターなどの分析では，売上高総利益率は依然重要な指標である。

効率性指標は総資産回転率の他に，固定資産回転率がある。これは固定資産がどれだけ有効に用いられているかを示している。減価償却累計額を除いたネットベースの有形固定資産を用いる。

$$固定資産回転率=\frac{売上高}{ネット有形固定資産}$$

効率性指標で重要なのは，運転資本に関するものである。キャッシュフローを考えるときに短期のサイクルと長期のサイクルを考える必要がある。短期のサイクルが，この運転資本であり，日々の仕入や売上によって生じるキャッシュフローである。長期のサイクルは，工場の設立等の設備投資である。運転資本で重要な指標は以下の３つになる。

$$売上債権回転期間 = \frac{受取手形＋売掛金}{1日当たり売上高}$$

$$在庫回転率 = \frac{売上原価}{棚卸資産}$$

$$仕入債務回転期間 = \frac{支払手形＋買掛金}{1日当たり仕入高}$$

売上債権と棚卸資産は，貸借対照表の左側，すなわち資産サイドである。これらの増加はキャッシュフローの流出を意味する。したがって，売上債権回転期間がのびる（悪化する），在庫回転率が下がる（悪化する）と，それだけキャッシュフローが流出することになる。また，売上債権回転期間及び在庫回転率に変化がなくても，売上が増えるとその分だけキャッシュフローが流出することになる。一方，仕入債務は，貸借対照表の右側，すなわち負債・株主資本サイドにある。この増加はキャッシュフローの流入を意味する。仕入債務回転期間がのびる（改善する）と，それだけキャッシュフローが流入することになる。また，仕入債務回転期間に変化がなくても，売上が増えるとその分だけキャッシュフローが流入することになる。

企業によって差はあるが，通常，売上債権と棚卸資産の合計が仕入債務よりも大きい。指標が一定であると仮定すると，売上が増加すると，キャッシュフローの流出のほうが流入よりも大きく，ネットベースではキャッシュフローは流出となる。したがって，成長企業は，この運転資本を確保しないと，最悪黒字倒産ということもありえる。

後述するが，業績予想をする場合，売上高から直接営業利益を求めることが多い。この場合，仕入高や売上原価の予想を行わないことになる。したがって，仕入高や売上原価の代わりに売上高を用いて，以下の回転率を使う場合が多い。

$$売上債権回転率 = \frac{売上高}{受取手形 + 売掛金}$$

$$在庫回転率 = \frac{売上高}{棚卸資産}$$

$$仕入債務回転率 = \frac{売上高}{支払手形 + 買掛金}$$

安全性の分析では，財務レバレッジの他によく使われるのが，デット・エクイティレシオ（D／E）である。

$$D/E = \frac{有利子負債}{株主資本}$$

レバレッジ以外では，クレジット分析としてカバレッジレシオが使われる。

$$インタレスト・カバレッジ・レシオ = \frac{営業利益 + 受取利息・配当金}{支払利息}$$

借入金や社債等（有利子負債）の利息の支払い能力を測るための指標である。また，流動性を測る指標として，以下の２つが一般的である。

$$流動比率 = \frac{流動資産}{流動負債}$$

$$当座比率 = \frac{流動資産 - 棚卸資産}{流動負債}$$

設例２－２

問題１

以下は，企業Ｄの過去10年間のROEの推移を示している。売上高は毎年５％，総資産は毎年３％の成長，20％の配当性向を想定している。ROEは，徐々に悪化しているが，どう評価するか。また，どうすればROEを改善することができるだろうか。

	2014	2015	2016	2017	2018	2019	2020	2021	2022	2023
ROE	10.0%	9.9%	9.7%	9.6%	9.5%	9.4%	9.3%	9.2%	9.1%	9.0%
売上高当期純利益率	5.0%	5.1%	5.2%	5.3%	5.4%	5.5%	5.6%	5.7%	5.8%	5.9%
総資産回転率	0.67	0.68	0.69	0.71	0.72	0.73	0.75	0.76	0.78	0.79
財務レバレッジ	3.00	2.85	2.70	2.57	2.45	2.33	2.22	2.12	2.02	1.93
売上高	10,000	10,500	11,025	11,576	12,155	12,763	13,401	14,071	14,775	15,513
当期純利益	500	536	573	614	656	702	750	802	857	915
配当金	100	107	115	123	131	140	150	160	171	183
株主資本	5,000	5,428	5,887	6,378	6,903	7,465	8,065	8,707	9,392	10,124
総資産	15,000	15,450	15,914	16,391	16,883	17,389	17,911	18,448	19,002	19,572

（解答）

ROEが悪化していることは事実であるが，ROEの分解である3つのレバーで見ると，売上高当期純利益率と総資産回転率の両方とも毎年改善している。結果としてROAは大きく改善していることになる。したがって，D社は収益性，効率性の両方を改善するという極めて難しいことを達成している。一方，財務レバレッジが大きく下落しており，その影響がROAの上昇よりも大きい。D社は，収益性，効率性の改善から潤沢なキャッシュフローを得ているが，十分な投資先がなく，株主資本が積み上がり，これが財務レバレッジを下げている。したがって，配当性向を20%から70%に引き上げることによって，財務レバレッジを上げることなく，高いROEを達成することができる。以下の表が，配当性向を70%にした場合のROEの推移である。

	2014	2015	2016	2017	2018	2019	2020	2021	2022	2023
ROE	10.0%	10.4%	10.8%	11.1%	11.5%	11.8%	12.2%	12.6%	12.9%	13.2%
売上高当期純利益率	5.0%	5.1%	5.2%	5.3%	5.4%	5.5%	5.6%	5.7%	5.8%	5.9%
総資産回転率	0.67	0.68	0.69	0.71	0.72	0.73	0.75	0.76	0.78	0.79
財務レバレッジ	3.00	2.99	2.98	2.97	2.95	2.94	2.91	2.89	2.86	2.83
売上高	10,000	10,500	11,025	11,576	12,155	12,763	13,401	14,071	14,775	15,513
当期純利益	500	536	573	614	656	702	750	802	857	915
配当金	350	375	401	429	459	491	525	561	600	641
株主資本	5,000	5,161	5,333	5,517	5,714	5,924	6,149	6,390	6,647	6,922
総資産	15,000	15,450	15,914	16,391	16,883	17,389	17,911	18,448	19,002	19,572

（問題2）

運転資本についての問題である。小売セクターを想定する。企業規模が大きくなるほど，多額の運転資本が必要となる小売業は何であろうか。逆に，企業規模が大きくなっても，運転資本が必要でない小売業は何であろうか。

(解答)

小売業の資金需要は出店による設備投資が中心であるが，業態によっては運転資本が極めて重要となる場合がある。企業規模が大きくなると，多額の運転資本が必要になる小売業は，例えば家具販売店である。掛売が多く，在庫の回転率が極めて低い。その結果，家具販売店が成長していく場合には，出店だけでなく，運転資金の調達が重要である。新規出店の場合，建物への投資もそうだが，在庫投資が極めて大きくなる。逆に，企業規模が大きくなっても，運転資本が必要でない業態として，たとえば食品スーパーが挙げられる。食品スーパーは多くは現金販売であり，生鮮品を中心に在庫の回転率は極めて高い。実際，多くの食品スーパーの場合，企業規模が大きくなると資金が必要になるどころか，資金が入ってくるのである。以下は，ニトリホールディングス（家具販売店）とヤオコー（食品スーパー）における，運転資金関連の数値である（2024年３月期決算数値，単位：百万円）。

ニトリホールディング（9843）

売上債権	79,247	仕入債務	48,294
棚卸資産	101,206		

売上高	895,799
売上債権回転率	11.3
棚卸資産回転率	8.9
仕入債務回転率	18.5

ヤオコー（8279）

売上債権	10,721	仕入債務	40,410
棚卸資産	10,500		

売上高	595,348
売上債権回転率	55.5
棚卸資産回転率	56.7
仕入債務回転率	14.7

まず，ニトリホールディングスの売上債権と棚卸資産の回転率が低く，その合計額が仕入債務よりもかなり大きいことがわかる。その差額は132,159百万円であり，もし企業規模が10%拡大し，回転率が変わらなければ，13,216百万円の運転資金が必要となる。一方，ヤオコーの場合，売上債権と棚卸資産の合計から仕入債務を差し引いた額はマイナスで，－19,189百万円である。つまり，企業規模の拡大とともに資金が入ってくるのである。もし企業規模が10%拡大し，回転率が変わらなければ，1,919百万円の運転資金が入ってくる。そして，この資金を出店などの設備投資に使うことができる。

ここで言えることは，家具販売店は企業規模を拡大するには，資金の問題が大きくなるのに対し，食品スーパーは比較的容易に拡大することができる。しかし，企業が衰退期に入り，減収が続くようになると，家具販売店は運転資金が逆に入ってくるようになる。その結果，資金的にはこうした運転資金が安全弁の役割を果たす。一方，食品スーパーの場合，衰退期に入ると運転資金が逆流し，流出していくことになりリスクがさらに拡大することになる。

第2節のポイント

- 過去分析では，まずROE（及びその分解式）やROICを中心に行う。
- 効率性の分析では，売上債権，棚卸資産，仕入債務に関わる運転資本の分析は重要である。運転資本の運用を間違うと黒字倒産をまねく危険性がある。
- 安全性の分析では，D／Eレシオやインタレスト・カバレッジ・レシオをおさえておく必要がある。

3　限界利益分析

製造業などを分析するときに，アナリストがよく用いる手法として，限界利益分析がある。売上高から売上原価，販売費及び一般管理費を差し引いたものが営業利益であるが，売上原価，販売費及び一般管理費を変動費と固定費に分ける。変動費は売上の変化によって変動する費用で，売上に連動しないものが固定費となる。主な変動費，固定費は以下のとおりである。

変動費：材料費，外注加工費，販売手数料等

固定費：人件費，減価償却費，研究開発費，広告宣伝費等

売上高から変動費のみを差し引いたものが限界利益となる。また，限界利益を売上高で除したものが限界利益率となる。さらに，この限界利益から固定費を差し引いたものが営業利益となる。

$$\text{限界利益} = \text{売上高} - \text{変動費}$$

$$\text{限界利益率} = \frac{\text{限界利益}}{\text{売上高}}$$

$$\text{営業利益} = \text{限界利益} - \text{固定費}$$

限界利益は，製品ごとに分けることも可能である。たとえば，売上が３つの

製品からなっていた場合，以下のようになる。

限界利益（製品A）＝売上高（製品A）－変動費（製品A）
限界利益（製品B）＝売上高（製品B）－変動費（製品B）
限界利益（製品C）＝売上高（製品C）－変動費（製品C）
営業利益＝限界利益（製品A）＋限界利益（製品B）＋限界利益（製品C）－固定費

ここで，簡単な例（**図表2－2**）を考える。夫婦2人で運営するうどん店を想定する。商品は，うどんとどんぶりである。この2商品が，それぞれ20,000千円の売上があり，合計40,000千円の売上となる。うどんとどんぶりの変動費は材料費であるが，どんぶりのほうが，売上に占める材料費が大きい。

図表2－2　うどんとどんぶりの限界利益

（単位：千円）

	売上高	変動費	限界利益	限界利益率
うどん	20,000	6,000	14,000	70%
どんぶり	20,000	14,000	6,000	30%

図表2－3　うどん店の損益計算

（単位：千円）

	基本	ケース1	ケース2
売上高			
うどん	20,000	24,000	20,000
どんぶり	20,000	20,000	24,000
合計	40,000	44,000	44,000
限界利益			
うどん	14,000	16,800	14,000
どんぶり	6,000	6,000	7,200
合計	20,000	22,800	21,200
固定費	15,000	15,000	15,000
営業利益	5,000	7,800	6,200
営業利益率	13%	18%	14%

一方，固定費は夫婦2人の人件費，設備備品等の減価償却費，家賃などである。この合計は15,000千円となる。すると，**図表2－3**のように営業利益を計算できる（基本ケース）。

次に，うどんが20％増収したケース（ケース1）を考えてみる。増収額は4,000千円で，店全体では10％増収となる。営業利益は7,800千円となり，56％の増益となる。注目すべきは，10％増収に対して，営業利益は56％増益となっていることである。実際，営業利益率も13％から18％に大きく向上している。また，うどんの限界利益率から増益額を計算できる。

4,000千円（増収額）×70％（限界利益率）＝2,800千円（増益額）

一方，どんぶりが20％増収したケース（ケース2）では，4,000千円の増収額，店全体で10％増収になることは変わらないが，営業利益は6,200千円となる。これは，ケース1より少ない額であるが，24％の営業利益の増益であり，10％の増収額よりも大きい。同様に，どんぶりの限界利益率から増益額を計算できる。

4,000千円（増収額）×30％（限界利益率）＝1,200千円（増益額）

ここで，3つのことが言える。第1に当たり前ではあるが，限界利益率の高い製品が売れるほうが営業利益の増益額は大きい。この場合，同じ売れるなら，どんぶりよりもうどんが売れたほうが望ましい。第2に，増収額よりも，営業利益の増益額のほうが大きい。うどんでもどんぶりでも同じ結果である。結果として，営業利益率は向上する。第3に，営業利益の増益額は，増収額に限界利益率を乗ずることによって求められる。

アナリストは，自分が担当している企業の部門や主力製品の限界利益率を推定している。それによって，その部門や製品の増収が，どの程度営業利益に寄与するかを想定している。

設問2－3

問題

上記のうどん店で，うどんもどんぶりも売上が2倍になったと仮定する。これまで同様，限界利益率から営業利益を求めてよいか。

解答

限界利益率や限界利益の計算は同じだが，この場合，固定費が増加することを考慮しなければならない。うどんとどんぶりの価格を変えていなければ，売上が倍になるということは，客数が倍になることを意味する。そう考えると，現在の夫婦2人の店では，それをさばくことは不可能である。店の規模を2倍にする必要があるかもしれない。そうなれば，設備備品等の減価償却費，家賃は倍増する。また，夫婦2人では，オペレーションが回らず，従業員を2名雇う必要があるかもしれない。そうなれば，人件費も倍増し，結果として固定費が倍になることが考えられる。その結果，営業利益は以下のように計算される（ケース3）。

	基本	ケース3
売上高		
うどん	20,000	40,000
どんぶり	20,000	40,000
合計	40,000	80,000
限界利益		
うどん	14,000	28,000
どんぶり	6,000	12,000
合計	20,000	40,000
固定費	15,000	30,000
営業利益	5,000	10,000
営業利益率	13%	13%

売上が倍になり，営業利益も倍になっている。結果として，営業利益率は変わっていない。限界利益分析を行うと，増収によって営業利益率が改善することが多いが，これは短期的であり，長期的には変動費だけでなく固定費も増加し，営業利益率が元の水準に戻る可能性がある。

それでは，固定費が増加するタイミングはいつであろうか。製造業の場合，生産設備の稼働率がポイントとなる。たとえば，稼働率が60%であれば，増収による影響は，限界利益だけでよいかもしれない。これが，90%になれば，生産設備の拡張を決定し，設備投資や人員の増強が行われる可能性がある。そうなれば，その分固定費が伸びることになる。限界利益分析は，たいへん有益な分析方法であるが，ある段階で固定費が増えるので，それを考慮する必要がある。それをやらなければ，利益率の改善が続く非現実的な予想を行ってしまうことになる。十分注意が必要である。

第3節のポイント

- 製造業の分析では，費用を変動費と固定費に分けて，限界利益分析が行われることが多い。
- セグメントや製品ごとに限界利益率を想定し，それぞれの増収額（率）から増益額を把握することができる。
- ただし，固定費がずっと変わらないということはないことに注意する必要がある。生産設備の稼働率が100%に近づけば，設備増強等を行うため，固定費が大きく増加する。

4　業績予想のフレームワーク

この節では，アナリストが行う業績予想のフレームワークについて紹介する。前述したが，企業分析の3つのプロセスの中で最も困難なのが，この業績予想である。業績予想は2つのサブプロセスに分けられる。第1のサブプロセスが，各セグメントの売上高と営業利益を予想するプロセスである。業績予想の難しさは，すべてこの第1のサブプロセスから来ている。理由は簡単で，実績データが乏しいためである。財務諸表に記載されているセグメント情報は，売上高，営業利益，資産等に限られている。以下は，本田技研工業（7267）のセグメント情報である。

図表２－４　本田技研工業（7267）セグメント情報

当連結会計年度（自 2023年４月１日　至 2024年３月31日）

（単位：百万円）

	二輪事業	四輪事業	金融サービス事業	パワープロダクツ事業及びその他の事業	計	消去又は全社	連結
売上収益							
（1）　外部顧客	3,220,168	13,567,565	3,248,808	392,261	20,428,802	－	20,428,802
（2）　セグメント間	－	223,950	2,976	30,068	256,994	△256,994	－
計	3,220,168	13,791,515	3,251,784	422,329	20,685,796	△256,994	20,428,802
営業利益（△損失）	556,232	560,649	273,978	△8,882	1,381,977	－	1,381,977
持分法による投資利益	53,843	55,392	－	1,582	110,817	－	110,817
資産	2,047,270	11,690,446	14,118,371	585,301	28,441,388	1,332,762	29,774,150
持分法で会計処理されている投資	119,598	1,076,481	－	10,889	1,206,968	－	1,206,968
減価償却費および償却費	72,590	655,250	834,246	17,400	1,579,486	－	1,579,486
資本的支出	74,006	598,475	2,451,930	16,768	3,141,179	－	3,141,179
減損損失（非金融資産）	33	44,652	14,646	61	59,392	－	59,392
金融サービスに係る債権ークレジット損失引当金およびリース残価損失引当金繰入額（△戻入額）	－	－	50,057	－	50,057	－	50,057

こうした限られた情報であれば，過去分析でも実績推定値を使うしかない。たとえば，各セグメントの材料費，外注加工費，人件費，販売費等である。企業自体は，内部の管理会計の数値を持っているが，アナリストは公開データしか用いることができないため，実績であっても推定を行う必要がある。もちろん，会社の決算説明会資料等も有用であるが，それも限界がある。

また，財務諸表の数値を，ダイレクトに予想するのは不可能である。それに関連した，様々な指標を過去分析に取り入れる必要がある。ただし，それらの指標は，セクターや企業によって全く異なってくるため，一般化は非常に難しい。たとえば，鉄鋼セクターであれば，粗鋼生産量や鉄スクラップ価格，自動車セクターであれば，自動車販売台数（車種別）などである。とくに，グローバルに展開している企業だと，セミマクロ指標は国内にとどまらず，海外の統計も取り入れる必要がある。こうしたセミマクロの指標をいかに財務諸表の数値と結びつけるか，アナリストの手腕が試される。その意味では，アナリストはやはり担当するセクターに関して深い知識が必要であり，結果として経験年数が重要となる。

第2のサブプロセスは，各セグメントの売上高，営業利益を予想した後である。すなわち，各セグメントの売上高と営業利益を加算して，会社全体の売上高と営業利益を算出する。その後，損益計算書，貸借対照表，キャッシュ・フロー計算書を予想する。これは，十分な実績情報があるため，第1のサブプロセスと比べて容易である。また，テクニックの問題であるため，エクイティ・バリュエーションと同様，本書で十分マスターできる。

セグメント利益は，営業利益，経常利益，税金等調整前当期純利益のいずれかを選択するが，多くの場合，営業利益が使われているので，以下では営業利益に統一する。

第4節のポイント

- 業績予想は，2つのサブプロセスからなる。第1のサブプロセスでは，各セグメントの売上高と営業利益を予想する。第2のサブプロセスでは，各セグメントの売上高と営業利益を加算して，会社全体の売上高と営業利益を算出する。その後，損益計算書，貸借対照表，キャッシュ・フロー計算書を予想する。
- 第1のサブプロセスは，極めて困難である。実績値が限られており，産業，企業によって大きく方法が異なる。一方，第2のサブプロセスは，容易である。すべての企業で差はなく，統一的に業績予想を行うことができる。

5　セグメント営業利益の予想

(1)　セグメント営業利益予想の難しさ

セグメント営業利益予想は，セクターや企業によって異なるため，統一的な方法はない。ただ，セクターごとにある程度共通性があることも確かである。したがって，この節では，2つのセクターの例を提示する。

たとえ同じセクターに属する企業であっても，ディスクロジャーのレベルの違いにより，同じモデルを構築することが難しい場合もあるので注意が必要である。とにかく，実績値さえもほとんどない中で，分析を行わなければならないので，企業との取材等で得た情報を活用しなければならない。また，セミマクロの数値と企業の財務諸表の数値を組み合わせる必要もある。その意味では，前述したが，アナリストの経験が生きてくるのが，このセグメント営業利益予想であると言える。

（2） 素材セクター

ここでは，素材セクターについて例示したい。鉄鋼，石油化学，紙パルプといったセクターである。単純化のため，架空の素材及びそれを生産している企業を取り上げる。また，国内だけで販売されているケースを想定する。

企業のセグメント売上や利益を予想するまでに，その素材の国内市場の予想を行う。そこで，重要な指標は，価格，販売量（生産量），生産能力となる。以下が過去10年の数値例となる。

図表2－5　素材業界の数値例

年度	2014	2015	2016	2017	2018	2019	2020	2021	2022	2023
価格（円／t）	10,000	12,000	11,000	10,000	9,000	10,000	8,000	9,000	10,000	11,000
生産量（万t）	20,000	24,000	22,000	21,000	24,000	25,000	19,000	21,000	23,000	24,000
生産能力（万t）	23,000	25,000	25,000	25,000	28,000	28,000	28,000	28,000	28,000	28,000

ここで，生産量と生産能力の関係に注目してほしい。生産能力を超える生産はできない。したがって，需要が堅調で生産が増加していると，各社は，その生産能力を拡大する。生産量を生産能力で除したものが，稼働率となる。この稼働率が100％に近づけば，生産能力が増加する可能性が高まる。また，稼働率の上昇は，それだけ需給が逼迫するため，価格の上昇をもたらす。もちろん，価格上昇には，原材料高，高付加価値化など稼働率以外の要因もあるため，単純に稼働率から予想することはできない。稼働率を入れた，数値例が以下となる。

図表2－6　素材業界の数値例（稼働率追加）

年度	2014	2015	2016	2017	2018	2019	2020	2021	2022	2023
価格（円／t）	10,000	12,000	11,000	10,000	9,000	10,000	8,000	9,000	10,000	11,000
生産量（万t）	20,000	24,000	22,000	21,000	24,000	25,000	19,000	21,000	23,000	24,000
生産能力（万t）	23,000	25,000	25,000	25,000	28,000	28,000	28,000	28,000	28,000	28,000
稼働率	87%	96%	88%	84%	86%	89%	68%	75%	82%	86%

生産能力を増強するのは，業界ではなく，各社の意思決定となる。しかし，需要が堅調で，生産量が上昇している場合，各社はそれぞれの意思決定で生産能力の増強を決定する。その結果，生産能力がいっきに拡大し，稼働率が大幅に下落することが起きる。そして，製品価格が大きく下落し，生産量が増大しているのにもかかわらず，各社の業績が急激に悪化する。このことは，素材産業では珍しいことではない。石油化学セクターをはじめ，好況時に各社いっせいに生産能力を増強して，市況を崩すことが繰り返し行われてきた。

それでは，2024年の予想はどのように行うのであろうか。まず，生産量の予想を行う。この場合，需要予測となる。この素材が，自動車，機械，住宅，ビルなどに使われていたとしよう。その場合，自動車販売台数，機械受注，住宅着工，建設受注といったセミマクロの指標の予想を行う必要がある。しかし，素材担当のアナリストがこれらの指標の予想を行うのは不可能である。同僚の，自動車，機械，住宅，建設担当のアナリストの助けを借りることになる。その意味では，分析に際して，個人のスキルだけでなく，チームワークも重要となってくる。もし，他のセクターのアナリストがいない場合，メディア等の予想に，独自の見解を加えることになる。次に，生産能力の予想となる。これは，生産量の予想とも関連し，生産が堅調で，稼働率が100％に近づけば，能力増強が行われる可能性が高い。また，各社，能力増強計画を発表しているので，これらを集計して，生産能力の予想を行う。そして，稼働率等から価格の予想を行う。以上から，2024年度の予想を**図表2－7**のように行った（自動車販売台数等のセミマクロの数値は，すべて架空の数値である）。

図表2－7　素材業界の数値例（予想）

年度	2021	2022	2023	2024E
価格（円／t）	9,000	10,000	11,000	12,000
生産量（万t）	21,000	23,000	24,000	25,000
自動車販売台数前年比	1%	2%	2%	2%
機械受注前年比	-2%	2%	1%	1%
住宅着工前年比	1%	3%	3%	2%
建設受注前年比	2%	1%	1%	2%
生産能力（万t）	28,000	28,000	28,000	28,000
稼働率	75%	82%	86%	89%

※E：予想

次に，このセクターに属する分析対象企業（素材企業A）に移る。製造業の場合，前述した限界利益分析を行うことが多いが，この企業の場合も限界利益分析を行う。そして，通常の損益計算書のように，売上高，売上総利益，営業利益と順に予想するのではなく，売上高，限界利益，営業利益という順で分析する。すなわち，売上原価と販売費及び一般管理費を合算し，それを変動費と固定費に分けて分析する。まず，素材企業Aのセグメント情報が以下であったと仮定する。

図表2－8　素材企業Aのセグメント情報（2023年度）

（単位：百万円）

セグメント	素材事業	商社事業	合計
売上高	880,000	120,000	1,000,000
営業利益	55,000	5,000	60,000

このうち，素材事業の分析を行う。損益計算書に記された売上原価や販売費及び一般管理費は，素材事業と商社事業の合算である。各セグメント営業利益を計算するためには，これらの費用を各事業に分けなければならない。そのためには，説明会資料，セミマクロ指標，取材などの情報収集から，様々な仮定をおいて，実績推定値を求める。

限界利益分析であるが，素材企業の場合は，ｔ当たりの限界利益を求めるやり方が多い。これによって，価格と数量とを分けて分析することができる。まず価格は，すでに紹介した素材産業のものを用いる（もちろん，企業によって，業界平均価格と違っている場合もあるが，トレンドは業界平均価格と連動することが多い）。そこから，ｔ当たりの変動費を求める。セグメントの費用を正確に変動費と固定費に分けるのは不可能であるが，できるだけ近似するよう努力する必要がある。

素材企業の変動費で一番重要なのは，材料費である。ｔ当たりの生産を行うのに，どのような原材料が必要であるか分析しなければならない。このケースでは，単純化のため，１つの原材料が同じ量の投入で製品が生産されると仮定する。この場合，原材料の価格が重要である。次に，外注加工費が挙げられる。原材料費と外注加工費だが，単体の決算情報（製造原価明細書）からその数値を把握することができる。素材企業Ａの別のセグメントは商社事業であるため，これらの費用は素材事業に帰属すると考えられる。これらの費用を生産量で割り，ｔ当たりの費用を計算する。もちろん，それで求めた原材料費と，その原材料の市況とが連動しているかどうかをチェックする必要がある。

以上から，素材企業Ａの素材事業のｔ当たり限界利益は，**図表２－９**のようになる。

図表２－９　素材のｔ当たりの限界利益

年度	2021	2022	2023
価格（円／ｔ）	9,000	10,000	11,000
材料費（円／ｔ）	7,000	7,400	7,800
外注加工費（円／ｔ）	500	500	500
その他変動費（円／ｔ）	300	300	300
限界利益（円／ｔ）	1,200	1,800	2,400

ｔ当たり材料費は，徐々に上昇していく前提である。材料費以外の変動費は一定と仮定している。ｔ当たりの限界利益を出しておくと，概算で増益額を

把握することができる。たとえば，2023年ベースで，出荷量が100万ｔ増加したとすると増益額は，以下のように計算できる。

2,400円／ｔ×100万ｔ＝24億円

次にｔ当たり価格と限界利益から，セグメントの売上高と限界利益を求め，営業利益を導出する。

図表２－10　素材事業の分析

年度	2021	2022	2023
価格（円／ｔ）	9,000	10,000	11,000
限界利益（円／ｔ）	1,200	1,800	2,400
出荷量（万ｔ）	7,000	7,500	8,000
生産量（万ｔ）	7,000	7,500	8,000
生産能力（万ｔ）	9,000	9,000	9,000
稼働率	78%	83%	89%
売上高（価格×出荷量）	630,000	750,000	880,000
限界利益（ｔ当たり×出荷量）	84,000	135,000	192,000
人件費	50,000	55,000	60,000
減価償却費	15,000	14,000	13,000
その他固定費	12,000	13,000	14,000
営業利益	7,000	53,000	105,000

（財務数値の単位：百万円）

ここでも単純化のため，出荷量と生産量を同じにしている。また，個別企業でも，生産能力と生産量から稼働率を導出している。産業全体の場合と同様，生産能力を超える生産を行うことはできない。したがって，稼働率が100％に近づけば，設備増強を行う可能性が高まる。ただ，素材製品がコモディティ化していると，価格は個別企業の稼働率ではなく，業界全体の稼働率と連動することになる。もし，１社だけ設備を拡大した場合，その企業は，価格をあまり下げずに売上，利益の拡大を享受できる。しかし，通常，他の企業も設備拡大に追随し，結果として価格の下落を招くことになる。

図表2－10は，開示資料やセミマクロデータ等を用いた推定値を用いている。こうした実績推定値で，過去のセグメント売上高と営業利益を求めている。実際は，求めた売上高と営業利益が，財務諸表に記載された売上高，営業利益と一致するようトライアンドエラーを繰り返し，推定が合理的であるかどうかを確認することになる。

次に，産業の予想から，素材企業Aの素材事業セグメントの売上高と営業利益の予想を行う。t当たり限界利益予想の前に，素材企業Aのシェア予想も行う。これで，価格と数量の予想が完了し，売上高と限界利益の導出が可能となる。産業全体の予想，素材企業Aのシェア予想，素材産業Aのt当たり限界利益の予想，素材企業Aの売上高，営業利益の予想といった4つのステップを踏むことになる。

図表2－11　素材企業Aの売上高，営業利益予想（素材事業）

1．産業全体の予想

年度	2021	2022	2023	2024E
価格（円／t）	9,000	10,000	11,000	12,000
生産量（万t）	21,000	23,000	24,000	25,000
自動車販売台数前年比	1%	2%	2%	2%
機械受注前年比	-2%	2%	1%	1%
住宅着工前年比	1%	3%	3%	2%
建設受注前年比	2%	1%	1%	2%
生産能力（万t）	28,000	28,000	28,000	28,000
稼働率	75%	82%	86%	89%

2．素材企業Aのシェア予想

年度	2021	2022	2023	2024E
業界全体の生産量（万t）	21,000	23,000	24,000	25,000
素材企業Aの生産量（万t）	7,000	7,500	8,000	8,400
素材企業Aのシェア	33%	33%	33%	34%

3．素材企業Aのｔ当たり限界利益分析

年度	2021	2022	2023	2024E
価格（円／ｔ）	9,000	10,000	11,000	12,000
材料費（円／ｔ）	7,000	7,400	7,800	8,200
外注加工費（円／ｔ）	500	500	500	500
その他変動費（円／ｔ）	300	300	300	300
限界利益（円／ｔ）	1,500	1,800	2,400	3,000

4．素材企業Aの素材事業の業績予想

年度	2021	2022	2023	2024E
価格（円／ｔ）	9,000	10,000	11,000	12,000
限界利益（円／ｔ）	1,200	1,800	2,400	3,000
出荷量（万ｔ）	7,000	7,500	8,000	8,400
生産量（万ｔ）	7,000	7,500	8,000	8,400
生産能力（万ｔ）	9,000	9,000	9,000	9,000
稼働率	78%	83%	89%	93%
売上高（価格×出荷量）	630,000	750,000	880,000	1,008,000
限界利益（ｔ当たり×出荷量）	84,000	135,000	192,000	252,000
人件費	50,000	55,000	60,000	65,000
減価償却費	15,000	14,000	13,000	12,500
その他固定費	12,000	13,000	14,000	15,000
営業利益	7,000	53,000	105,000	159,500

（財務数値の単位：百万円）
※E：予想

以上から，素材企業Aの素材事業の売上高1,008,000百万円，営業利益159,500百万円が予想となる。全体のイメージをとらえられるよう，極端な単純化を行い，また都合のよい前提を入れて例を示したが，それでも予想は容易ではないことをわかっていただけたかと思う。実際，アナリストが予想を行う場合は，この例よりもはるかに複雑なものとなる。

別途，もう１つのセグメントである商社事業の売上高と営業利益を予想し，企業全体の売上高と営業利益を計算する。

ところで，例は楽観的な予想となっているが，悲観的なシナリオも考えておく必要もある。稼働率が100に近づいているため，素材企業Ａも含め，業界全体で設備の増強を行った場合である。**図表２－12**が悲観シナリオを示している。

図表２－12　素材企業Ａの売上高，営業利益予想（悲観シナリオ）

悲観シナリオ

１．産業全体の予想

年度	2021	2022	2023	2024E
価格（円／ｔ）	9,000	10,000	11,000	10,000
生産量（万ｔ）	21,000	23,000	24,000	25,000
自動車販売台数前年比	1%	2%	2%	2%
機械受注前年比	-2%	2%	1%	1%
住宅着工前年比	1%	3%	3%	2%
建設受注前年比	2%	1%	1%	2%
生産能力（万ｔ）	28,000	28,000	28,000	35,000
稼働率	75%	82%	86%	71%

２．素材企業Ａのシェア予想

年度	2021	2022	2023	2024E
業界全体の生産量（万ｔ）	21,000	23,000	24,000	25,000
素材企業Ａの生産量（万ｔ）	7,000	7,500	8,000	8,400
素材企業Ａのシェア	33%	33%	33%	34%

3．素材企業Ａのｔ当たり限界利益分析

年度	2021	2022	2023	2024E
価格（円／ｔ）	9,000	10,000	11,000	10,000
材料費（円／ｔ）	7,000	7,400	7,800	8,200
外注加工費（円／ｔ）	500	500	500	500
その他変動費（円／ｔ）	300	300	300	300
限界利益（円／ｔ）	1,200	1,800	2,400	1,000

４．素材企業Ａの素材事業の業績予想

年度	2021	2022	2023	2024E
価格（円／ｔ）	9,000	10,000	11,000	10,000
限界利益（円／ｔ）	1,200	1,800	2,400	1,000
出荷量（万ｔ）	7,000	7,500	8,000	8,400

生産量（万ｔ）	7,000	7,500	8,000	8,400
生産能力（万ｔ）	9,000	9,000	9,000	11,000
稼働率	78%	83%	89%	76%
売上高（価格×出荷量）	630,000	750,000	880,000	840,000
限界利益（ｔ当たり×出荷量）	84,000	135,000	192,000	84,000
人件費	50,000	55,000	60,000	68,000
減価償却費	15,000	14,000	13,000	14,500
その他固定費	12,000	13,000	14,000	15,000
営業利益	7,000	53,000	105,000	-13,500

（財務数値の単位：百万円）
※E：予想

2024年予想で，変更した箇所はアミを濃く変えてある。まず，業界全体で7,000万ｔの設備増強を予想する。その結果，稼働率は下がり，価格は2023年よりも下落し，2022年の水準を予想する。そして，素材企業Aのｔ当たり限界利益は，1,000円／ｔまで下落する。素材の価格低下から，売上高，限界利益とも大きく悪化する。さらに，素材企業A自身も，設備を増強することから，人件費や減価償却費のさらなる増加を考える必要がある。そして，営業利益は赤字となる。極めて単純なモデルによる分析であるが，素材事業において，価格がいかに利益に影響を与えるかを示している。

別のシナリオとして，素材企業Aが，販売促進費を投入して，シェアを上げるということも考えられよう。この場合，価格に変化なく，出荷数量が増加することによって，売上高は増加しよう。売上高の増加に伴う限界利益増と，販売促進費の増加額とのどちらが大きいかによって，このシェア拡大戦略の成否が決まる。しかし，こうした場合，他社もシェアを維持するために販売促進を投下することも考えられる。その結果，素材企業Aのシェア自体上昇せず，販売促進費の増加額だけ，営業利益を下げるということになる可能性が高い。コモディティ化した市場において，シェア拡大戦略はあまり良い結果を生まないと考えられる。

(3) 小売セクター

小売セクターは，比較的業績予想モデルの構築が容易なセクターであるため紹介する。容易な理由の1つが，売上原価が商品の仕入に伴うものだけであり，すべて変動費として処理できることにある。したがって，素材セクターで行ったように，売上原価を固定費と変動費に分ける必要がない。そして，売上高総利益を算出し，販売費及び一般管理費を差し引いて営業利益を求める。

ここでも，非常に単純化した架空の衣料専門店（小売企業B）を想定し，セグメント売上高，営業利益の予想を行う。この衣料専門店は，国内100店，海外10店を展開する企業である。国内事業は単体で行っており，海外事業を含めた連結決算となっている。**図表2－13**が，小売企業Bのセグメント情報（売上高，営業利益）である。

図表2－13　小売企業Bのセグメント情報（2023年度）

（単位：百万円）

セグメント	国内事業	海外事業	合計
売上高	29,273	2,200	31,473
営業利益	2,248	180	2,428

ここでは，セグメントの国内事業の売上高と営業利益の予想を行う。小売セクターの場合，説明会資料等で単体情報が充実していることが多いので，素材セクターのように，多くの実績推定を行う必要はない。

まず，国内事業の売上高を見てみる。売上高を決める要素は，既存店舗の売上高（既存店売上高）伸び率と店舗数となる。まず，既存店売上高伸び率は，客数と客単価に分けることができる。さらに客単価は，買上点数と1点単価に分けられる。値上げや，高価格商品の導入によって，1点単価を上げることができるが，買上点数や客数が減少する可能性がある。このように，客数，買上点数，1点単価はそれぞれ反比例の可能性のあるレバーとなっている。

次に，出店であるが，ここでは単純化のため，出店の時期が平均すると期の真ん中になるように想定している。つまり，5店ネットで出店すると，その期の売上高に寄与するのは2.5店という計算になる。さらに，単純化のため，新店と既存店の売上高を同じにしている。しかし，業態によっても異なるが，新店の売上高は認知度の違い等から，既存店の売上高を下回ることが多い。ただし，その後の新店の売上高の伸び率は，既存店のそれを上回り，数年で既存店レベルの売上高に追いつく。ここでの例示では，こうした細かい想定は，省略している。以上の関係を示したのが，**図表２－14**である。

図表２－14　小売企業Ｂの国内事業の売上高分析

年度	2021	2022	2023
売上高（百万円）	24,763	26,968	29,284
１店当たり売上高（百万円）	283	292	300
既存店売上高（前年比）	3.0%	3.0%	3.0%
客数	1.0%	2.0%	1.0%
客単価	2.0%	1.0%	2.0%
買上点数	1.0%	1.0%	2.0%
１点単価	1.0%	0.0%	0.0%
期首店舗数	85	90	95
出店	5	5	5
退店	0	0	0
期末店舗数	90	95	100
期中平均店舗数	87.5	92.5	97.5

図表２－14から明らかなように，売上高を決めるドライバーは，既存店売上高前年比と出店数となる。

次に，売上高総利益と営業利益に移る。**図表２－15**に小売企業Ｂの業績を示している。

図表2－15　小売企業Bの業績実績（国内事業）

（単位：百万円）

年度	2021	2022	2023
売上高	24,763	26,968	29,284
売上原価	17,334	18,743	20,206
売上高総利益	7,429	8,225	9,078
売上高総利益率	30.0%	30.5%	31.0%
販売費及び一般管理費			
人件費	3,500	3,700	3,900
広告宣伝費	500	550	600
賃料	1,500	1,600	1,700
減価償却費	250	265	280
その他	300	320	350
営業利益	1,379	1,790	2,248

営業利益に影響する大きなドライバーは，売上高と売上高総利益率になる。売上高総利益率は，商品構成による。売上高総利益率の高い商品の比率が高まれば，上昇する。また，値上げによっても売上高総利益率は上昇するが，既存店売上高へのマイナス影響を考慮する必要がある。販売費及び一般管理費では，人件費，賃料，減価償却費については出店により増加する。ただ，人件費は，店舗開発担当者などといった本社人員の増員によっても増加する。また，昨今は各社給与の引上げに積極的であるため，こうした要因も考慮する必要がある。広告宣伝費は，企業自体のマーケティング戦略とその予算による。

次に，業績予想に移る。業績予想の中心は，既存店売上高前年比，出退店数，売上高総利益率の3つのドライバーとなる。販売費及び一般管理費の多くは出店数で決まり，広告宣伝費も企業の予算で決まり，開示されることが多い。3つのドライバーのうち，出退店数は企業が計画するため，その計画値を使うことが多い。ただし，過去の出店計画と実際の出店数を比較し，計画の未達が続いている場合は，会社計画に対し保守的に予想する。以上から，アナリストの腕の見せ所は，既存店売上高の伸び率と，売上高総利益率の予想と言うことができる。**図表2－16**が業績予想を行ったものである。

図表2－16 小売企業Bの業績予想（国内事業）

（単位：百万円）

年度	2021	2022	2023	2024E
売上高（百万円）	24,763	26,968	29,284	31,716
1店当たり売上高（百万円）	283	292	300	309
既存店売上高（前年比）	3.0%	3.0%	3.0%	3.0%
客数	1.0%	2.0%	1.0%	1.0%
客単価	2.0%	1.0%	2.0%	2.0%
買上点数	1.0%	1.0%	2.0%	2.0%
1点単価	1.0%	0.0%	0.0%	0.0%
期首店舗数	85	90	95	100
出店	5	5	5	5
退店	0	0	0	0
期末店舗数	90	95	100	105
期中平均店舗数	87.5	92.5	97.5	102.5

年度	2021	2022	2023	2024E
売上高	24,763	26,968	29,284	31,716
売上原価	17,334	18,743	20,206	21,725
売上高総利益	7,429	8,225	9,078	9,990
売上高総利益率	30.0%	30.5%	31.0%	31.5%
販売費及び一般管理費				
人件費	3,500	3,700	3,900	4,100
広告宣伝費	500	550	600	650
賃料	1,500	1,600	1,700	1,800
減価償却費	250	265	280	295
その他	300	320	350	400
営業利益	1,379	1,790	2,248	2,745

※E：予想

単純化のために，既存店売上高前年比と売上高総利益率の予想は，過去のトレンドを用いている。出店数や広告宣伝費は，架空の企業計画値を用いている。新規の店舗1店当たりにかかる人件費は40百万円，賃料20百万円，減価償却費3百万円を想定している。前期と比べて，期中の平均店舗数は5店（97.5店から102.5店）増えているので，5店分のコストを計上している。賃上げは見込んでいない。こうして求めた国内事業の売上高と営業利益を，別途予想した海外事業の売上高と営業利益と合算して，企業全体の売上高と営業利益を導出する。

以上が，素材企業と同様，単純化した小売企業の業績予想である。実際は，極めて複雑である。店舗形態がフォーマット化（統一の売場面積，オペレーション等）されていても，立地により売上や賃料が異なってくる。また，物流コストも出店地域によって異なる。アナリストは，こうした複雑な状況を，できるだけ業績予想モデルに落とし込んでいく。

設例２－４

問題

小売企業Ｂのケースで，2024年の予想で，既存店売上高前年比＋３％を＋８％とした場合，売上高は33,249百万円となる。一方，出店５店を15店とした場合，売上高は33,263百万円となる。どちらの強気見通しも，売上高の水準は近い。それでは，営業利益はどうなるのであろうか。

解答

既存店売上高＋８％想定の場合，営業利益は3,228百万円，一方，15店出店想定の場合は，営業利益は2,918百万円となる。既存店売上高＋８％のほうが，利益額は大きい。これは，既存店売上高の増加は，追加的なコストがないが，出店による売上増は，人件費，家賃，減価償却費の増加を伴うからだ。

既存店売上高＋８％ケースの業績予想　（単位：百万円）

年度	2021	2022	2023	2024E
売上高（百万円）	24,763	26,968	29,284	33,249
１店当たり売上高（百万円）	283	292	300	324
既存店売上高（前年比）	3.0%	3.0%	3.0%	8.0%
客数	1.0%	2.0%	1.0%	2.9%
客単価	2.0%	1.0%	2.0%	5.0%
買上点数	1.0%	1.0%	2.0%	3.0%
１点単価	1.0%	0.0%	0.0%	1.9%
期首店舗数	85	90	95	100
出店	5	5	5	5
退店	0	0	0	0
期末店舗数	90	95	100	105
期中平均店舗数	87.5	92.5	97.5	102.5

年度	2021	2022	2023	2024E
売上高	24,763	26,968	29,284	33,249
売上原価	17,334	18,743	20,206	22,776
売上高総利益	7,429	8,225	9,078	10,473
売上高総利益率	30.0%	30.5%	31.0%	31.5%
販売費及び一般管理費				
人件費	3,500	3,700	3,900	4,100
広告宣伝費	500	550	600	650
賃料	1,500	1,600	1,700	1,800
減価償却費	250	265	280	295
その他	300	320	350	400
営業利益	1,379	1,790	2,248	3,228

15店出店想定ケースの業績予想　（単位：百万円）

年度	2021	2022	2023	2024E
売上高（百万円）	24,763	26,968	29,284	33,263
1店当たり売上高（百万円）	283	292	300	309
既存店売上高（前年比）	3.0%	3.0%	3.0%	3.0%
客数	1.0%	2.0%	1.0%	1.0%
客単価	2.0%	1.0%	2.0%	2.0%
買上点数	1.0%	1.0%	2.0%	2.0%
1点単価	1.0%	0.0%	0.0%	0.0%
期首店舗数	85	90	95	100
出店	5	5	5	15
退店	0	0	0	0
期末店舗数	90	95	100	115
期中平均店舗数	87.5	92.5	97.5	107.5

年度	2021	2022	2023	2024E
売上高	24,763	26,968	29,284	33,263
売上原価	17,334	18,743	20,206	22,785
売上高総利益	7,429	8,225	9,078	10,478
売上高総利益率	30.0%	30.5%	31.0%	31.5%
販売費及び一般管理費				
人件費	3,500	3,700	3,900	4,300
広告宣伝費	500	550	600	650
賃料	1,500	1,600	1,700	1,900
減価償却費	250	265	280	310
その他	300	320	350	400
営業利益	1,379	1,790	2,248	2,918

※E：予想

したがって，小売企業Ｂの場合，既存店売上高が最も利益に影響を与えていることがわかる。既存店売上高の伸びは，増加した売上高に売上高総利益率を乗じた金額だけ営業利益が増加することになる。小売企業の場合，売上原価がすべて変動費となり，売上総利益そのものが限界利益となるからである。これは，素材企業で行った限界利益分析と同じ分析が可能である。一方，出店による利益増は，固定費の増加を伴うため，利益の伸びは抑えられてしまう。また，今回のケースは，出店計画を過去３年間と同様の５店出店から，15店出店に急拡大したという前提である。通常，こうした出店の急拡大は，新店のクオリティを下げる可能性があるため，今回の想定よりも新店の売上高が届かない可能性がある。また，出店地域によるが，自店どうしの競合の問題も考慮する必要がある。すなわち，業績拡大のために，出店数を急激に増やすと，新店売上高や既存店売上高にマイナスの影響があることを考慮する必要がある。

第５節のポイント

- 素材セクターの場合，まず産業全体の予想を行う。生産量（出荷量）の予想には，販売先の需要予測を行う。
- 素材セクターの業績予想は，ｔ当たりの限界利益を中心に行う。業績に最も大きなインパクトを与えるのは価格である。
- 小売りセクターの業績予想のドライバーは，既存店売上高伸び率，売上高総利益率，出店となる。同じ売上高の伸び率でも，既存店売上高による場合と，出店による場合で，利益の伸び率は大きく異なる。

6　損益計算書，貸借対照表，キャッシュ・フロー計算書の予想

損益計算書，貸借対照表，キャッシュ・フロー計算書は，互いに関係しているため，１つひとつの財務諸表を独立で予想することはできない。一方，３つの財務諸表を同時に予想することも不可能である。そのため，いくつかテクニックを用いる。まず，財務諸表の予想の順番は，損益計算書，キャッシュ・

フロー計算書，貸借対照表となる。さらに，一度3つの財務諸表を予想した後，もう一度，損益計算書に戻ってサイクルを繰り返す。

図表2－17 3つの財務諸表の分析順序

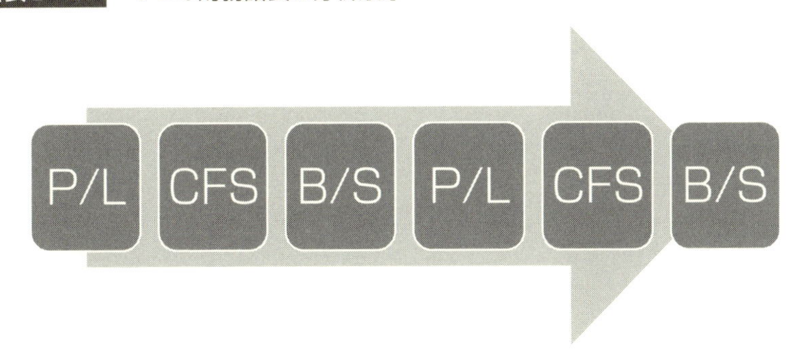

まず，損益計算書の予想について説明する。まず，**図表2－18**にある企業Eの実績で，これを基に業績予想を行う。

図表2－18 企業Eの損益計算書実績

P/L	実績
売上高	1,000
営業利益	100
営業外収益	10
受取利息配当金	5
その他	5
営業外費用	15
支払利息	10
その他	5
経常利益	95
特別利益	0
特別損失	15
税前利益	80
法人税等	40
当期純利益	40

まず，売上高と営業利益は，セグメント予想（各セグメント利益の合計及び調整後）を転記する。次に営業外収益について，受取利息配当金はいったん前年の数値を入れる。これは，現金預金の水準がわからないと受取利息が求められないからである。その他の営業外収益は，企業から特別に情報がない場合は，前年の実績を用いる。営業外費用も同様で，支払利息はいったん前年の数値を入れる。これも，有利子負債の水準がわからないと決められないからである。その他の営業外費用も，企業から特別に情報がない場合は，前年の実績を用いる。

特別利益と特別損失は，企業から特別に情報がない場合0とする。税率は50%としている。結果，**図表2－19**のように損益計算書を予想する。

図表2－19　企業Eの損益計算書実績と予想

P/L	実績	予想	
売上高	1,000	1,200	セグメント予想から
営業利益	100	125	セグメント予想から
営業外収益	10	10	受取利息配当金＋その他
受取利息配当金	5	5	「仮に」実績数値を置く
その他	5	5	通常前年実績
営業外費用	15	15	支払利息＋その他
支払利息	10	10	「仮に」実績数値を置く
その他	5	5	通常前年実績
経常利益	95	120	営業利益＋営業外収益－営業外費用
特別利益	0	0	通常ゼロ
特別損失	15	0	通常ゼロ
税前利益	80	120	経常利益＋特別利益－特別損失
法人税等	40	60	税率（ここでは50%を利用）
当期純利益	40	60	税前利益－法人税等

以上から，当期純利益60と予想される。しかし，受取利息配当金と支払利息は仮置きの数値であることには注意が必要である。キャッシュ・フロー計算書と貸借対照表の予想を行った後，再び損益計算書に戻り，受取利息配当金と支

払利息の予想を行う。

次に，以下のような貸借対照表の実績がある。この実績と，損益計算書の予想を用いて，キャッシュ・フロー計算書と貸借対照表の予想を行う。

図表２－20 企業Ｅの貸借対照表実績

B/S	実績
流動資産	300
現金預金	100
売上債権（手形＋掛）	50
棚卸資産	100
有価証券	25
その他	25
固定資産	900
有形固定資産	500
無形固定資産	100
投資その他の資産	300
資産合計	1,200
負債	800
仕入債務（手形＋掛）	50
有利子負債	500
その他負債	250
株主資本	400
負債・資本合計	1,200

まず，キャッシュ・フロー計算書から予想を行う。キャッシュ・フロー計算書の項目は**図表２－21**のようになるが，ネットキャッシュフローという項目を付加している。これは，実際のキャッシュ・フロー計算書にはない項目であるが，分析上重要なので付け加えている。また，キャッシュフローの定義は様々なものがあり，ネーミングも一定していないという問題がある。本書では，後述するディスカウント・キャッシュフローモデル（DCF）におけるフリーキャッシュフローと区別するため，ここではあえてネットキャッシュフローと

いう名前を使用する。

図表2－21　企業Eのキャッシュ・フロー計算書の項目

CFS
営業活動によるCF
当期利益
減価償却費
売上債権の増加（－）
棚卸資産の増加（－）
仕入債務の増加（＋）
投資活動によるCF
設備投資
（ネットCF）CFS未記載項目
財務活動によるCF
有利子負債の増減
配当金
現金預金の増減
期首現金預金
期末現金預金

項目を1つずつ見てみる（以下，**図表2－22**参照）。まず，当期純利益は，損益計算書で予想した数値を転記する。ここでは60となる。減価償却費の予想は，ほとんどの場合企業が提示してくれている。その場合は，設備投資の予想も併せて，決算説明会資料等に記載されていることが多い（万一記載等されていない場合は，企業に取材で確認する）。ここでは，企業が提示した減価償却費の予想が60であったとする。

次に，売上債権，棚卸資産，仕入債務という，運転資本項目を予想する。売上債権と棚卸資産の増加はマイナスのキャッシュフロー，一方，仕入債務の増加はプラスのキャッシュフローとなる。まず，売上債権，棚卸資産，仕入債務の回転率（実績ベース）を求める。

$$売上債権回転率 = \frac{売上高}{受取手形 + 売掛金} = \frac{1,000}{50} = 20回$$

$$在庫回転率 = \frac{売上高}{棚卸資産} = \frac{1,000}{100} = 10回$$

$$仕入債務回転率 = \frac{売上高}{支払手形 + 買掛金} = \frac{1,000}{50} = 20回$$

予想売上高が1,200であるため，予想売上債権，予想棚卸資産，予想仕入債務は以下のように計算される。

$$予想売上債権 = \frac{予想売上高}{売上債権回転率} = \frac{1,200}{20} = 60$$

$$予想棚卸資産 = \frac{予想売上高}{在庫回転率} = \frac{1,200}{10} = 120$$

$$予想仕入債務 = \frac{予想売上高}{仕入債務回転率} = \frac{1,200}{20} = 60$$

以上から，売上債権，棚卸資産，仕入債務の増加額は以下のように計算される。それぞれの回転率に変化がないことが前提となっている。

$$売上債権増加額 = 予想売上債権 - 実績売上債権 = 60 - 50 = 10$$
$$棚卸資産増加額 = 予想棚卸資産 - 実績棚卸資産 = 120 - 100 = 20$$
$$仕入債務増加額 = 予想仕入債務 - 実績仕入債務 = 60 - 50 = 10$$

運転資本としては，20のキャッシュ流出となる。以上から，営業活動によるキャッシュフローが100となる。

次に投資活動によるキャッシュフローは，設備投資となる。減価償却費のところで説明したが，企業が予想設備投資額を提示しているので，その数値を使う。ここでは180を想定する。

そして，実際のキャッシュ・フロー計算書にないネットキャッシュフローを導入したのには意味がある。ネットキャッシュフローは，営業活動によるキャッシュフローから投資活動によるキャッシュフローを差し引いた金額である。この数値がプラスであれば問題はないが，大きくマイナスであれば，財務活動によるキャッシュフローで調達を考える必要がある。E社の場合，ネットキャッシュフローは－80である。したがって，財務活動によるキャッシュフローで調達を想定する必要がある。

財務活動によるキャッシュフローは，有利子負債の増減と配当からなる。先に配当から予想する。企業が示している目標配当性向から導出するのが自然である。ここでは33％の目標配当性向を用いる。予想当期利益が60であるため，予想配当は20となる。ネットキャッシュフローが－80であるため，100のキャッシュをねん出しなければならない。現金預金は100あるが，これでの支払いを想定すると現金預金は０となり，通常のオペレーションを行うことができない。したがって，ここでは，有利負債でこの100を調達するという想定をする。その結果，有利子負債の増加100となる。以上から，必要資金も余剰資金もない（営業活動によるキャッシュフロー，投資活動によるキャッシュフロー，財務活動によるキャッシュフローの合計が０となる）ため，期初現金預金は変化なく，期末現金預金は100のままである。

この例では，ネットキャッシュフローが－80であったが，＋50であった場合はどうであろうか。その場合，有利子負債の増減は０であり，予想配当の20を差し引いた30が，現金預金に加算される。すなわち，期末の現金預金は130となる。

今回は，ネットキャッシュフローのマイナスを，有利子負債の増加で相殺している。５年などの長期予想を行って，常にネットキャッシュフローが大きくマイナスである場合，その調達を考える必要がある。ある程度までは，有利子負債でまかなうことができるが，それには限界がある。したがって，予想ネットキャッシュフローの大きなマイナスが続く場合，アナリストはエクイティ・ファイナンスの可能性を考慮する必要がある。企業側が，エクイティ・ファイナンスを言及することはない（インサイダー情報の問題がある）が，このように長期の業績予想を行っていれば，その可能性を察知できる。前述したが，エクイティ・ファイナンスは，株価にネガティブに影響することがほとんどであるため，アナリストは業績予想によってそのリスクを把握することができる。

図表２－22　企業Ｅのキャッシュ・フロー計算書の予想

CFS	予想	
営業活動によるCF	100	総計
当期利益	60	P/L予想当期利益
減価償却費	60	説明会資料等の開示または企業に取材
売上債権の増加（－）	-10	予想売上債権回転率から算出
棚卸資産の増加（－）	-20	予想棚卸資産回転率から算出
仕入債務の増加（＋）	10	予想仕入債務回転率から算出
投資活動によるCF	-180	総計
設備投資	-180	説明会資料等の開示または企業に取材
（ネットCF）CFS未記載項目	-80	営業活動によるCF＋投資活動によるCF
財務活動によるCF	+80	総計
有利子負債の増減	+100	ネットCFから判断→B/S予想有利子負債反映
配当金	-20	予想配当性向から算出
現金預金の増減	0	３つのCFの総計
期首現金預金	100	B/S実績現金預金
期末現金預金	100	→B/S予想現金預金

次に，貸借対照表の予想に移る（以下，**図表２－23**参照）。まず，現金預金は，キャッシュ・フロー計算書の予想で求めた期末現金預金を転記する。この場合，実績と同様100となる。売上債権，棚卸資産は，すでにそれぞれの回転率から求めている。それぞれ，60，120である。有価証券，その他は，特に企業から情報がなければ実績数値を用いる。

有形固定資産の予想は，以下の式を用いる。

$$\text{有形固定資産}_1 = \text{有形固定資産}_0 + \text{設備投資}_1 - \text{減価償却費}_1$$

すでに，予想設備投資，予想減価償却費の数値は得ているので，以下のようにして予想有形固定資産は求められる。

500＋180－60＝620

無形固定資産は，特許やソフトウェアなどがあるが，大きなものはのれんである。のれんは，日本の会計基準では20年以内に償却することになっているが，国際会計基準（IFRS）では非償却となっている。ここでは，単純化のため，非償却として実績数値を使う。もし，会社側から償却期間等の情報があれば，それに従って償却を行う。投資その他の資産も，企業から特別な情報がなければ，前年実績の数値を使う。

負債に移るが，ここでは，流動負債と固定負債の分類は行っていない。有利子負債は，借入金と社債に分けられ，さらに借入金は返済期間が1年以内か1年超かで，短期借入金，長期借入金に分けられる。そして，短期借入金は流動負債，長期借入金は固定負債に分類される。社債は，固定負債である。長期借入金も社債も，返済期限が1年以内になると，それぞれ1年以内返済予定長期借入金，1年以内償還予定社債として流動資産に移る。しかし，これらは会計上のルールであり，これらの勘定科目は，すべて有利子負債であるため，負債の項目にまとめて有利子負債としてのみ記載する。

まず，仕入債務は，仕入債務回転率からすでに計算済みであり，60となる。次に，有利子負債は，キャッシュ・フロー計算書で100を有利子負債で調達しているため，実績にこの数値を加えて，600となる。そして，その他負債であるが，これは予想せず，チェック項目として用いる。すなわち，他の貸借対照表の勘定科目をすべて求めた後，逆算でこのその他の負債を計算する。キャッシュフローを伴わない取引で，大きなものがない場合は，逆算で求めたその他の負債は，前年実績に近くなる。E社の場合，逆算した数値は250となり，実績と同じ数値となる。もし，逆算した数値と実績値の間に大きな乖離がある場合，これまでの予想のどこかがおかしい可能性があるので，チェックする必要がある。

株主資本は，貸借対照表では，資本金，資本剰余金，利益剰余金，自己株式，非支配株主持分に分けられているが，有利子負債のときと同様，これらのこまかな分類は会計上のものなので，ここでは株主資本に統一する。株主資本は以下の式によって求められる。これはクリーンサープラス式とも呼ばれる。

$$株主資本_1 = 株主資本_0 + 当期純利益_1 - 配当金_1$$
$$400 + 60 - 20 = 440$$

以上から，貸借対照表の予想は**図表２－23**のようになる。

図表２－23　企業Ｅの貸借対照表の予想

B/S	実績	予想	
流動資産	300	330	総計
現金預金	100	100	CFSの期末現金預金
売上債権（手形＋掛）	50	60	予想売上債権回転率から算出
棚卸資産	100	120	予想棚卸資産回転率から算出
有価証券	25	25	通常前年実績
その他	25	25	通常前年実績
固定資産	900	1,020	総計
有形固定資産	500	620	実績＋設備投資－減価償却費（←CFS）
無形固定資産	100	100	償却がなければ前年実績
投資その他の資産	300	300	通常前年実績
資産合計	1,200	1,350	流動資産＋固定資産
負債	800	910	総計（流動固定を分けない）
仕入債務（手形＋掛）	50	60	予想仕入債務回転率から算出
有利子負債	500	600	実績＋有利子負債の増減（←CFS）
その他負債	250	250	調整項目（資産合計－負債・資本合計）
株主資本	400	440	実績＋予想当期利益－予想配当（←CFS）
負債・資本合計	1,200	1,350	資産合計

しかし，財務諸表の予想はこれで完成ではない。損益計算書において，受取利息配当金と支払利息が仮置きの数字になっている。まず，現金預金は変化がないため，受取利息配当金は仮置きの数字をそのまま確定する。一方，有利子負債は500から600に増えている。支払率を２％とすると，新しい支払利息は12

となり，実績より2大きくなる。この支払利息を修正した損益計算書は**図表2－24**のようになり，当期純利益は59と，仮置きのときより1小さくなっている。

図表2－24　企業Eの損益計算書の修正予想

P/L	実績	予想	
売上高	1,000	1,200	セグメント予想から
営業利益	100	125	セグメント予想から
営業外収益	10	10	受取利息配当金＋その他
受取利息配当金	5	5	再計算
その他	5	5	通常前年実績
営業外費用	15	17	支払利息＋その他
支払利息	10	12	再計算
その他	5	5	通常前年実績
経常利益	95	118	営業利益＋営業外収益－営業外費用
特別利益	0	0	通常ゼロ
特別損失	15	0	通常ゼロ
税前利益	80	118	経常利益＋特別利益－特別損失
法人税等	40	59	税率（ここでは50%を利用）
当期純利益	40	59	税前利益－法人税等

当期純利益が変わったため，キャッシュ・フロー計算書と貸借対照表も修正する。エクセルでモデルを組んでいるため，ほとんど自動で更新される。ただ，再び現金預金の水準が変わる（有利子負債の増減を変えないとする）が，これによって，受取利息配当金の水準を変える必要があるのだろうか。また，この計算は永遠に続くことになるが，この循環を解決する必要はあるのだろうか。結論は，どちらもその必要はない。すでに，現金預金への影響は無視できる程度にまで小さくなっている。その水準で，受取利息配当金を再計算する必要はない。2度目の貸借対照表の予想で中止する。言い換えれば，永遠に繰り返す必要はない。

以上は，受取利息や支払利息を期末の現金預金や有利子負債から計算することを前提とした。期末ではなく，期初と期末の平均値から求める場合も同様である。ただし，簡略化のため，期初の数値から求める場合は，循環は起こらないので，３財務諸表を予想後，再び損益計算書に戻る必要はない。

設例２－５

（問題）

以下のような損益計算書，キャッシュ・フロー計算書，貸借対照表がある。これらから，予想損益計算書，予想キャッシュ・フロー計算書，予想貸借対照表を作成せよ。すでに，セグメント予想から売上高と営業利益は予想されている。また，企業から，今期の設備投資は100，減価償却費は80という情報を得ている。また，配当性向は50％である。

P/L	実績	予想	
売上高	1,000	1,100	セグメント予想から
営業利益	150	200	セグメント予想から
営業外収益	30		受取利息配当金＋その他
受取利息配当金	15		現金預金利率2%　配当金9
その他	15	15	企業から特別な情報を得ていない
営業外費用	30		支払利息＋その他
支払利息	20		支払利率2%
その他	10	10	企業から特別な情報を得ていない
経常利益	150		営業利益＋営業外収益ー営業外費用
特別利益	10	0	企業から特別な情報を得ていない
特別損失	0	0	企業から特別な情報を得ていない
税前利益	160		経常利益＋特別利益ー特別損失
法人税等	80		税率（50%）
当期純利益	80		税前利益ー法人税等

CFS	予想	
営業活動によるCF		総計
当期利益		P/L予想当期利益
減価償却費	80	説明会資料等の開示または企業に取材
売上債権の増加（ー）		予想売上債権回転率から算出
棚卸資産の増加（ー）		予想棚卸資産回転率から算出
仕入債務の増加（＋）		予想仕入債務回転率から算出
投資活動によるCF		総計
設備投資	-100	説明会資料等の開示または企業に取材
（ネットCF）CFS未記載項目		営業活動によるCF＋投資活動によるCF
財務活動によるCF		総計
有利子負債の増減		ネットCFから判断→B/S予想有利子負債反映

配当金		予想配当性向から算出
現金預金の増減		3つのCFの総計
期首現金預金		B/S実績現金預金
期末現金預金		→B/S予想現金預金

B/S	実績	予想	
流動資産	800		総計
現金預金	300		CFSの期末現金預金
売上債権（手形＋掛）	100		予想売上債権回転率から算出
棚卸資産	300		予想棚卸資産回転率から算出
有価証券	50	50	企業から特別な情報を得ていない
その他	50	50	企業から特別な情報を得ていない
固定資産	1,200		総計
有形固定資産	700		実績＋設備投資ー減価償却費（←CFS）
無形固定資産	100		すべてのれんで，非償却
投資その他の資産	400	400	企業から特別な情報を得ていない
資産合計	2,000		流動資産＋固定資産
負債	1,200		総計（流動固定を分けない）
仕入債務（手形＋掛）	100		予想仕入債務回転率から算出
有利子負債	1,000		実績＋有利子負債の増減（←CFS）
その他負債	100		調整項目（資産合計－負債・資本合計）
株主資本	800		実績＋予想当期利益－予想配当（←CFS）
負債・資本合計	2,000		資産合計

（解答）

以下のようになる。有利子負債，現金預金の増減がないため，仮置きの受取利息配当金と支払利息は，その数値で確定。また，再計算の必要はない。

P/L	実績	予想	
売上高	1,000	1,100	セグメント予想から
営業利益	150	200	セグメント予想から
営業外収益	30	30	受取利息配当金＋その他
受取利息配当金	15	15	現金預金利率2%　配当金9
その他	15	15	企業から特別な情報を得ていない
営業外費用	30	30	支払利息＋その他
支払利息	20	20	支払利率2%
その他	10	10	企業から特別な情報を得ていない
経常利益	150	200	営業利益＋営業外収益ー営業外費用
特別利益	10	0	企業から特別な情報を得ていない

特別損失	0	0	企業から特別な情報を得ていない
税前利益	160	200	経常利益＋特別利益ー特別損失
法人税等	80	100	税率（50%）
当期純利益	80	100	税前利益ー法人税等

CFS	予想	
営業活動によるCF	150	総計
当期利益	100	P/L予想当期利益
減価償却費	80	説明会資料等の開示または企業に取材
売上債権の増加（ー）	-10	予想売上債権回転率から算出
棚卸資産の増加（ー）	-30	予想棚卸資産回転率から算出
仕入債務の増加（＋）	10	予想仕入債務回転率から算出
投資活動によるCF	-100	総計
設備投資	-100	説明会資料等の開示または企業に取材
（ネットCF）CFS未記載項目	50	営業活動によるCF＋投資活動によるCF
財務活動によるCF	-50	総計
有利子負債の増減	0	ネットCFから判断→B/S予想有利子負債反映
配当金	-50	配当性向（50%）
現金預金の増減	0	3つのCFの総計
期首現金預金	300	B/S実績現金預金
期末現金預金	300	→B/S予想現金預金

B/S	実績	予想	
流動資産	800	840	総計
現金預金	300	300	CFSの期末現金預金
売上債権（手形＋掛）	100	110	予想売上債権回転率から算出
棚卸資産	300	330	予想棚卸資産回転率から算出
有価証券	50	50	企業から特別な情報を得ていない
その他	50	50	企業から特別な情報を得ていない
固定資産	1,200	1,220	総計
有形固定資産	700	720	実績＋設備投資ー減価償却費（←CFS）
無形固定資産	100	100	すべてのれんで，非償却
投資その他の資産	400	400	企業から特別な情報を得ていない
資産合計	2,000	2,060	流動資産＋固定資産
負債	1,200	1,210	総計（流動固定を分けない）
仕入債務（手形＋掛）	100	110	予想仕入債務回転率から算出
有利子負債	1,000	1,000	実績＋有利子負債の増減（←CFS）
その他負債	100	100	調整項目（資産合計－負債・資本合計）
株主資本	800	850	実績＋予想当期利益－予想配当（←CFS）
負債・資本合計	2,000	2,060	資産合計

第6節のポイント

- 損益計算書，キャッシュ・フロー計算書，貸借対照表の順で予想するが，これをもう1回繰り返す。
- 1回目の損益計算書では，現金預金や有利子負債の水準がわからないため，受取利息や支配利息は，いったん前期の数字を利用する。
- キャッシュ・フロー計算書において，運転資金の予想に，予想売上債権回転率，予想棚卸資産回転率，予想仕入債務回転率を用いる。
- キャッシュ・フロー計算書にない項目であるが，営業活動によるCFと投資活動によるCFの差額をネットCFとして計算する。これを基に，財務活動によるCFを予想する。
- 貸借対照表の予想には，以下の2つの式を用いる。

$$\text{有形固定資産}_1 = \text{有形固定資産}_0 + \text{設備投資}_1 - \text{減価償却費}_1$$

$$\text{株主資本}_1 = \text{株主資本}_0 + \text{当期純利益}_1 - \text{配当金}_1$$

- 貸借対照表には，全体がバランスしているかどうかチェックするために調整項目を設ける。本文では，その他負債を用いた。この数値が，前期と比べて大きく異なっているときは，どこかに間違いがある可能性がある。
- 貸借対照表の予想の後，再び損益計算書の受取利息，支払利息の予想を行い，キャッシュ・フロー計算書，貸借対照表に反映させる。

Column 6　キャッシュ・フロー計算書，貸借対照表予想の重要性

著者が若い頃，損益計算書だけを予想するアナリストが多かった。しかし，損益計算書の予想だけでは，様々な問題が発生する。運転資本の予想を行っていなかったため，投資先・買い推奨先企業が急成長で，運転資金がショートして，倒産に至ることがあった。また，別の会社では，会社計画の設備投資を中長期的にキャッシュフローで調達することができず，エクイティ・ファイナンスを用いた結果，株価の下落をまねいた。あるいは，結局資金調達ができず，設備投資を縮小せざるを得なくなった場合もある。この場合，アナリストの予想どおりの成長を達成することは難しい。したがって，損益計算書だけでなく，キャッシュ・フロー計算書や貸借対照表を予想する必要がある。キャッシュ・フロー計算書，貸借対照表の予想によって，損益計算書の売上高，利益予想が担保されることになる。

7　エクイティ・バリュエーションの分類

エクイティ・バリュエーションは，PERなどのマルチプルと，配当割引モデル（DDM）のような理論株価導出型に分けられる。ここでは，まず，マルチプルについて紹介する。マルチプルは，**図表2－25**のように分類される。

図表2－25　マルチプルの分類

	フロー型	ストック型
株主価値	P/E(PER)，配当利回り	P/B(PBR)
企業価値	EV/EBITDA	

分類方法の1つは，これまでも説明してきたが，株主価値の視点からか，企業価値の視点からかというものである。株主価値の視点からは，PER，配当利回り，PBRが挙げられる。一方，企業価値の視点からは，EV／EBITDAがある。また，フロー型とストック型という分類も可能である。利益や配当といったフローと株価を比較するのがフロー型で，株主資本のようなストックと株価を比較するのがストック型になる。したがって，フロー型は，PER，配当利回り，EV／EBITDA，ストック型はPBRとなる。

PERとPBRについては，すでに紹介したので省略するが，PERについて若干の補足を行う。PERは，前述したように単純比較をすることは難しい。企業によって成長率やリスクが異なっているためである（成長率が高いほど，リスクが低いほど高いPERが許容される）。そのため，同じ業種内で，3年後，5年後予想のEPSを基にPERの比較がされることが多い。3年や5年といった成長を織り込むと同時に，同業種内なのでリスクも類似している考えられるためである。

配当利回りは以下のように定義される。

$$配当利回り = \frac{1株当たり配当金（DPS）}{株価}$$

実現収益に基づくバリュエーションであり，企業の成長率，配当性向，リスクによって変わるため，単純な比較は難しい。ただし，配当は株主が実際に受け取るキャッシュであり，その意味は重要である。当期純利益は株主に帰属するものであるが，そのまま受け取れるものではない。内部留保される部分があり，これを株主が受け取ることができない。したがって，株主が受け取る部分だけの利回りが配当利回りであり，投資家の中にはこれを重視する者も多い。

次にEV／EBITDAは，以下のような式になる。

$$EV/EBITDA = \frac{時価総額＋ネット有利子負債}{営業利益＋償却費}$$

ネット有利子負債は，有利子負債から現金預金を差し引いたものになる。償却費は減価償却費や無形固定資産の償却費の合計である。EVは，まさに企業価値（株主価値＋債権者価値）を表しているため，これは企業価値からのアプローチといえる。企業買収した場合何年のEBITDAで回収できるかを示しており，世界的にM&Aなどで用いられている。減価償却の方法や，のれんの償却方法が国によって違っていることから，これらの影響を除去して，国際比較が可能である。しかし，EBITDAはキャッシュフローではないことには注意が必要である。減価償却費等の節税効果が反映されていないからだ。また，PERやPBR，これから説明する理論株価導出のエクイティ・バリュエーションモデルの展開式から外れている。つまり，EV／EBITDAは便利な指標であるが，理論体系の外にある指標であることには注意すべきである。

次に，理論株価導出のエクイティ・バリュエーションの分類は，**図表2－26**のようになる。

図表2－26 理論株価導出のエクイティ・バリュエーションの分類

	フロー型	ストック+フロー型
株主価値	配当割引モデル（DDM）	残余利益モデル（RIM）
企業価値	ディスカウント・キャッシュフローモデル（DCF）	経済的付加価値モデル（EVA）

これらも，マルチプル同様，株主価値アプローチと企業価値アプローチの2つに分けられる。DDMとRIMは，株主価値を直接求めて理論株価を導出する。そして，資本コストは株主資本コストを用いる。一方，DCFとEVAは，企業価値アプローチで，企業価値を計算後，債権者価値を差し引いて株主価値を求める。資本コストは，加重平均資本コスト（WACC）となる。もう1つは，フロー型かストック＋フロー型かという分類である。DDMは，配当というフロー，DCFはフリーキャッシュフローというフローを割り引く。一方，RIMやEVAは，株主資本や投下資本があり，それに残余利益やEVAの現在価値を加算していく。すなわち，ストックとフロー，両方を用いるのである。

第7節のポイント

- エクイティ・バリュエーションは，マルチプルと理論株価導出型に分けられる。
- マルチプルは，PER，配当利回り，PBR，EV／EBITDAがあるが，株主価値の視点か企業価値の視点か，フロー型かストック型で分類される。
- 理論株価導出型には，配当割引モデル（DDM），ディスカウント・キャッシュフローモデル（DCF），残余利益モデル（RIM），経済的付加価値モデル（EVA）があるが，株主価値の視点か企業価値の視点か，フロー型かストック＋フロー型に分類される。株主価値導出型では，資本コストは株主資本コストを用い，企業価値導出型では，資本コストは加重平均資本コスト（WACC）を用いる。

Column 7

アセットマネジメント会社の エクイティ・バリュエーション

アセットマネジメント会社では，統一的なエクイティ・バリュエーションを採用しているところが多い。個々のアナリストが，どのエクイティ・バリュエーションを用いるか決めるのではなく，会社として選択しているである。これは，エクイティ・バリュエーションが投資哲学と密接に関わっているからである。

昔は，マルチプルが採用されることが多かったが，徐々にフロー型の理論株価導出タイプの配当割引モデル（DDM）やディスカウント・キャッシュフローモデル（DCF）が増えてきた。また，近年は，ストック＋フロー型の残余利益モデル（RIM）や経済的付加価値モデル（EVA）が試みられている。RIMやEVAが試みられるようになったのは，後述するが，これらのモデルがROEやROICと密接に関係しているためである。

8　4つのエクイティ・バリュエーションモデル

この節では，理論株価導出型である配当割引モデル（DDM），ディスカウント・キャッシュフローモデル（DCF），残余利益モデル（RIM），経済的付加価値モデル（EVA）の4つのエクイティ・バリュエーションモデルの説明を行う。アナリストは，通常3～10年の業績予想を行い，これを基にエクイティ・バリュエーションモデルによって理論株価を計算する。本書では，5年間の業績予想を行うものと仮定する。そして，6年目以降についてはターミナルバリューの計算式を用いる。

(1) 配当割引モデル（DDM）

DDMは，以下のように定義される。

$$P=\frac{D_1}{1+r_e}+\frac{D_2}{(1+r_e)^2}+\frac{D_3}{(1+r_e)^3}+\cdots$$

$$P=\sum_{k=1}^{\infty}\frac{D_k}{(1+r_e)^k}$$

P ：理論株価
D_k：k期の1株当たり配当金
r_e ：株主資本コスト

この式に5年間の予想配当を入れ，ターミナルバリューを計算する。

$$P=\frac{D_1}{1+r_e}+\frac{D_2}{(1+r_e)^2}+\frac{D_3}{(1+r_e)^3}+\frac{D_4}{(1+r_e)^4}+\frac{D_5}{(1+r_e)^5}+\frac{D_5(1+g)}{r_e-g}\frac{1}{(1+r_e)^5}$$

g：配当の永久成長率

DDMは，最も歴史のあるモデルであるが，使っているアナリストは多くはない。その1つの理由として，配当の予想は安定している一方，配当性向に影響されることが挙げられる。配当性向を高めると配当額が増加するが，配当の成長率は低くなる。また，配当性向がゼロあるいは極端に低い成長企業には不向きである。さらに，ターミナルバリューのウエイトが高いことも，実務上問題となる。すなわち，配当の永久成長率を少し変えるだけで理論株価が大きく変化する。ただし，ターミナルバリューのウエイトが高いからといって，5年間の明示的な予想の影響が小さいとは言えない。ターミナルバリューも，D_5の水準に大きく影響されるからである。

(2) ディスカウント・キャッシュフローモデル (DCF)

DCFは以下のように定義される。

$$V=\frac{FCF_1}{1+WACC}+\frac{FCF_2}{(1+WACC)^2}+\frac{FCF_3}{(1+WACC)^3}+\cdots$$

$$V=\sum_{k=1}^{\infty}\frac{FCF_k}{(1+WACC)^k}$$

V　　：企業価値
FCF_k　：k期のフリーキャッシュフロー
WACC：加重平均資本コスト

企業価値から債権者価値（有利子負債）を引くと株主価値が求められる。さらに，株主価値を発行済み株式数で除すると理論株価となる。また，フリーキャッシュフローは以下のように求める。

FCF＝税引き後営業利益＋減価償却費－運転資本増加額－設備投資

運転資本増加額は，財務諸表予想で述べたように，売上債権の増加額と棚卸資産の増加額を加算し，仕入債務の増加額を差し引いた額である。DDMのときと同様，5年間のフリーキャッシュフローの予想を行った後，ターミナルバリューを計算すると，以下のような式になる。

$$V=\frac{FCF_1}{1+WACC}+\frac{FCF_2}{(1+WACC)^2}+\frac{FCF_3}{(1+WACC)^3}+\frac{FCF_4}{(1+WACC)^4}+\frac{FCF_5}{(1+WACC)^5}+\frac{FCF_5(1+g)}{(WACC-g)}\frac{1}{(1+WACC)^5}$$

DCFは，最も使われるエクイティ・バリュエーションであり，株式投資以外でも，プロジェクトの採算性やM&Aなどでもよく使われる。ただし，問題も多い。フリーキャッシュフローは，設備投資の額に大きく左右されるため，不安定であり，ターミナルバリューの計算の時の水準を決めるのが難しい。また，レバレッジの効果が，WACCの計算上過大に計上される危険性を伴う。レバレッジ増大は，株主資本コストと債権者資本コストの上昇を伴うが，モデル上このことを反映させることが難しい。さらに，DDMと同様，ターミナルバリューのウエイトが高く，フリーキャッシュフローも永久成長率の影響が大きい。そのため，これを緩和させるために，以下のようなターミナルバリューの計算式（バリュー・ドライバー式）が使われることがある。

$$TV_t = \frac{EBIT_t\,(1+g)(1-t)\left(1-\dfrac{g}{RONIC}\right)}{WACC-g}$$

TV_t　：t期のフリーキャッシュフロー
RONIC：Return On New Invested Capital　追加投資に対する期待リターン
g　　　：EBITの永久成長率

RONICは最終的にはWACCに一致するが，競争優位を維持できる場合もある。その場合は，WACCより高いRONICを使用する。

（3）　残余利益モデル（RIM）

まず，残余利益は，以下のように定義される。

$$RI_1 = NI_1 - r_e B_0$$

RI_n：n期の残余利益
B_n：n期の株主資本
NI_n：n期の当期利益

これは，前述したリターンと資本コストとの関係を示している。利益が株主資本コストを上回っている，すなわち残余利益がプラスであれば，株主価値が創出される。一方，利益が株主資本コストを下回っている，すなわち残余利益がマイナスであれば，株主価値が棄損される。さらに，残余利益の式は，以下のように表すことができる。

$$RI_1 = (ROE_1 - r_e)B_0$$

すなわち，ROEと株主資本コストの関係に転換される。

それでは，この残余利益をエクイティ・バリュエーションに転換すると以下のようになる。

$$P = B_0 + \frac{RI_1}{1+r_e} + \frac{RI_2}{(1+r_e)^2} + \frac{RI_3}{(1+r_e)^3} + \cdots$$

$$P = B_0 + \sum_{k=1}^{\infty} \frac{RI_k}{(1+r_e)^k}$$

これまでのモデルと同様，5年間の予想とターミナルバリューに変形すると以下のようになる。

$$P = B_0 + \frac{RI_1}{1+r_e} + \frac{RI_2}{(1+r_e)^2} + \frac{RI_3}{(1+r_e)^3} + \frac{RI_4}{(1+r_e)^4} + \frac{RI_5}{(1+r_e)^5} + \frac{RI_5\,(1+g)}{(r_e - g)} \frac{1}{(1+r_e)^5}$$

RIMは，貸借対照表の予想で紹介したクリーンサープラス式が基本となる。クリーンサープラス式は以下のようになる。

$$B_{n+1} = B_n + NI_{n+1} - Div_{n+1}$$

Div_n：n 期の配当総額

このクリーンサープラスの式を1株当たりにすると以下のようになる。

$$BPS_{n+1} = BPS_n + EPS_{n+1} - D_{n+1}$$

エクイティ・バリュエーションのモデルは相互に関連している。DDMの導出式にこのクリーンサープラスの式を導入してみる。まず，クリーンサープラスの式は以下のように変形される。

$$Div_{n+1} = B_n + NI_{n+1} - B_{n+1}$$

DDMは，前述したように以下のようになる。

$$P = \frac{D_1}{1+r_e} + \frac{D_2}{(1+r_e)^2} + \frac{D_3}{(1+r_e)^3} + \cdots$$

ただし，ここでは１株当たり配当ではなく，配当総額を用いる。したがって，Ｐは理論株価ではなく，理論時価総額となる。

$$P = \frac{Div_1}{1+r_e} + \frac{Div_2}{(1+r_e)^2} + \frac{Div_3}{(1+r_e)^3} + \cdots$$

この式にクリーンサープラス式を導入して展開する。

$$P = \frac{B_0 + NI_1 - B_1}{1+r_e} + \frac{B_1 + NI_2 - B_2}{(1+r_e)^2} + \frac{B_2 + NI_3 - B_3}{(1+r_e)^3} + \cdots$$

$$P = \frac{B_0 + NI_1 - B_1 + r_e B_0 - r_e B_0}{1+r_e} + \frac{B_1 + NI_2 - B_2 + r_e B_1 - r_e B_1}{(1+r_e)^2} + \cdots$$

$$P = \frac{(1+r_e)B_0}{1+r_e} + \frac{NI_1 - r_e B_0}{1+r_e} - \frac{B_1}{1+r_e} + \frac{(1+r_e)B_1}{(1+r_e)^2} + \frac{NI_2 - r_e B_1}{(1+r_e)^2} - \frac{B_2}{(1+r_e)^2} + \cdots$$

$$P = B_0 + \frac{NI_1 - r_e B_0}{1+r_e} + \frac{NI_2 - r_e B_1}{(1+r_e)^2} + \frac{NI_3 - r_e B_2}{(1+r_e)^3} + \cdots$$

$$P = B_0 + \frac{RI_1}{1+r_e} + \frac{RI_2}{(1+r_e)^2} + \frac{RI_3}{(1+r_e)^3} + \cdots$$

DDMの理論式から，RIMの理論式が導出されることになる。RIMの特徴として，繰り返しになるが，プラスの残余利益は株主価値の創造を，マイナスの残余利益は株主価値の棄損を意味することが挙げられる。その結果，株主価値を創造したのか，棄損したのかという，１期間の企業評価が可能となる。また，理論時価総額の中で株主資本の占めるウエイトが高いため，DDMやDCFと比較して，ターミナルバリューのウエイトは比較的低い。そのため，理論株価は，相対的に安定している。ただし，クリーンサープラスが成立しないと成り立たないという短所がある（そのため，当期純利益ではなく，包括利益を用いることになるが，簡便化のため以下では当期純利益を用いる）。また，RIMは，銀行業界などの分析に使用されることが多い（本業とレバレッジが未分化なのでDCFは使いづらい）。

（4）　経済的付加価値モデル（EVA）

EVAは，Stern Stewart & Co.が開発したモデルである。企業評価だけでなく，経営者の報酬制度とも結びついていることが特徴である。2000年頃ブームとなり，米国では，コカ・コーラが導入し，日本では花王，旭化成などが導入した。また，オリックスやダイキン工業は，独自のものを導入した。EVAは，RIMを株主価値ベースから企業価値ベースに置き換えたものとも言える。Stern Stewart & Co.は，彼らの計算式を開示していない。したがって，以下で説明するEVAはStern Stewart & Co.のEVAと同じではなく，簡易版であると考えていただければよい。エクイティ・バリュエーションとしては，正確なEVAでなくても簡易版で十分である。EVAは以下のように計算される。

$$EVA_1 = NOPAT_1 - WACC \times C_0$$

$$NOPAT_1 \fallingdotseq EBIT \times (1 - \text{税率})$$

$NOPAT_n$：n期の利息控除前税引後営業利益（≒営業利益－法人税）

C_n　　　：n期の投下資本（≒株主資本＋ネット有利子負債）

RIMと比較して，残余利益がEVAに，当期利益がNOPATに，株主資本コストがWACCに，株主資本が投下資本に置き換わっている。これにより，株主価値導出アプローチから企業価値導出アプローチに変換されている。EVAのエクイティ・バリュエーションは，以下のように定義される。

$$V = C_0 + \frac{EVA_1}{1 + WACC} + \frac{EVA_2}{(1 + WACC)^2} + \frac{EVA_3}{(1 + WACC)^3} + \cdots$$

$$V = C_0 + \sum_{k=1}^{\infty} \frac{EVA_k}{(1 + WACC)^k}$$

これまでのモデルと同様，5年間の予想とターミナルバリューで表すと以下のようになる。

$$V = C_0 + \frac{EVA_1}{1 + WACC} + \frac{EVA_2}{(1 + WACC)^2} + \frac{EVA_3}{(1 + WACC)^3} + \frac{EVA_4}{(1 + WACC)^4} + \frac{EVA_5}{(1 + WACC)^5} + \frac{EVA_5\,(1 + g)}{(r_e - g)} \frac{1}{(1 + WACC)^5}$$

エクイティ・バリュエーションとしてのEVAの優位点は，RIMと類似している。まず，企業価値の中に占める投下資本の割合が大きいため，ターミナルバリューの影響が相対的に小さい。さらに，企業価値を生み出したか，棄損したかという各期の業績を判断できる。参考までに，EVAでもDCFと同様に，以下のようなターミナルバリューの計算式（バリュードライバー）がある。DCFのバリュードライバー式と比較すると，少し複雑である。

$$TV_t = \frac{IC_t\,(ROIC_{t+1} - WACC)}{WACC} + \frac{PV(EVA_{t+2})}{WACC - g}$$

$$PV(EVA_{t+2}) = \frac{NOPAT_t\,(1 + g)\left(\dfrac{g}{RONIC}\right)(RONIC - WACC)}{WACC - g}$$

IC_t　：明示的予想期間終了時の投下資本
RONIC：追加投資に対する期待リターン
g　　：NOPATの永久成長率

（5）　理論株価と期待リターン

ここでは，理論株価の意味について考えてみる。**図表2－27**のような，企業Fを想定して，DDMを用いて理論株価を導出した。

図表2－27　企業FのDDMによる理論株価の導出

（単位：円）

	2024	2025	2026	2027	2028	ターミナルバリュー
DPS	100	105	110	115	120	2,472
割引率	108	1.17	1.26	1.36	1.47	1.47
現在価値	93	90	87	85	82	1,682

株主資本コスト	8%
永久成長率	3%
理論株価	2,119
現在の株価	1,500
アップサイド	41%

2024年から2028年の配当は毎年5円ずつ増え，株主資本コスト8％，配当の永久成長率3％と仮定すると，理論株価は2,119円となる。現在の株価が1,500円だとすると，41％のアップサイドが期待できることになる。

それでは，この株に投資する期待リターンはいくらであろうか。41％のアップサイドが期待リターンというわけではないことに注意が必要である。

市場がこの企業Fの本来的価値に気づいて，株価が2,119円になったとする。すると，アップサイドは0になるので，期待リターンは0になるのであろうか。正答は，期待リターンは0にはならない。株主資本コストは，投資家が求める最低のリターン水準である。したがって，株価が2,119円になって，アップサイドがなくなっても，毎年8％（株主資本コスト）の期待リターンを得られることを意味する。

株価が元の1,500円であったときの期待リターンはいくらであろうか。株主資本コストの8％と理論株価へのアップサイド41％の合計となる。これを期待リターンとして算出する場合は，DDMの導出式で理論株価に現在の株価（すなわち，1,500円）を導入して，株主資本コストを逆算する。IRR（Internal Rate of Return），内部収益率の計算と同じであり，これで求めた株主資本コストは配当割引レシオ（DDR）と仮に呼ぶことにする。DDRを逆算すると**図表2－28**のようになる。

図表2－28　企業Fの現在の株価からDDRを導出

（単位：円）

	2024	2025	2026	2027	2028	ターミナルバリュー
DPS	100	105	110	115	120	1,754
割引率	1.10	1.21	1.33	1.47	1.61	1.61
現在価値	91	87	83	78	74	1,087

DDR	10%
永久成長率	3%
現在の株価	1,500

ゴールシークを使ってDDRを求めると，10％となる。これが，この企業（株価が1,500円のとき）の期待リターンとなる。DDRが株主資本コスト（8％）よりも高いと理論株価は現在の株価よりも高く，DDRが株主資本コストと同じであると理論株価と現在の株価は同じになり，DDRが株主資本コストよりも低いと理論株価は現在の株価よりも低くなる。このDDRによって，複数の企業の期待リターンを比較することができるが，1つ注意する必要がある。それは，各企業のリスクが反映されていないことである。別途各社のリスクを計算し，リスクを考慮して期待リターンを順位付けする必要がある。こうしたリスクの問題は，理論株価導出型では問題とはならない。なぜなら，株主資本コストにすでにリスクが反映されているからである（株主資本コストは各社異なる）。

設例2－6

問題

以下のような企業を想定する。アナリストはすでに5年間の業績予想を行っている。この業績予想を基に配当割引モデル（DDM），ディスカウント・キャッシュフローモデル（DCF），残余利益モデル（RIM），経済的付加価値モデル（EVA）の4つのエクイティ・バリュエーションモデルで理論株価を算出しなさい。株主資本や有利子負債の水準，税率，配当性向，発行済み株式数，現在の株価，資本コスト，永久成長率等も示しており，これらを利用して算出する。また，単純化のため，支払利息は一定にしている。

アナリストによる業績予想及び前提条件

	2024（予想）	2025（予想）	2026（予想）	2027（予想）	2028（予想）
営業利益	20,000,000	22,000,000	24,000,000	26,000,000	28,000,000
支払利息	1,500,000	1,500,000	1,500,000	1,500,000	1,500,000
減価償却費	5,000,000	6,000,000	6,500,000	6,800,000	7,100,000
運転資本増加額	4,000,000	4,400,000	4,800,000	5,200,000	5,600,000
設備投資	7,000,000	7,200,000	7,400,000	7,500,000	7,500,000

	2023（実績）	
株主資本	100,000,000	
有利子負債	50,000,000	
税率	50%	その後も一定
配当性向	50%	その後も一定
発行済み株式数	100,000	その後も一定
株価	1,000	
株主資本コスト	8.0%	
債権者資本コスト	3.0%	

永久成長率

配当	3.0%
フリーキャッシュフロー	2.0%
残余利益	1.0%
EVA	0.5%

解答

（1）　配当割引モデル（DDM）

	2024（予想）	2025（予想）	2026（予想）	2027（予想）	2028（予想）	ターミナルバリュー
営業利益	20,000,000	22,000,000	24,000,000	26,000,000	28,000,000	

支払利息	1,500,000	1,500,000	1,500,000	1,500,000	1,500,000	
税前利益	18,500,000	20,500,000	22,500,000	24,500,000	26,500,000	
法人税等	9,250,000	10,250,000	11,250,000	12,250,000	13,250,000	
当期純利益	9,250,000	10,250,000	11,250,000	12,250,000	13,250,000	
配当額	4,625,000	5,125,000	5,625,000	6,125,000	6,625,000	136,475,000
割引率	1.08	1.17	1.26	1.36	1.47	1.47
現在価値	4,282,407	4,393,861	4,465,306	4,502,058	4,508,864	92,882,592

理論時価総額	115,035,089
発行済み株式数	100,000
理論株価	1,150

（2） ディスカウント・キャッシュフローモデル（DCF）

最初に，加重平均資本コストの計算を行う。

WACCの計算

時価総額	100,000,000	株価×発行済み株式数
有利負債	50,000,000	
株主資本コスト	8.0%	
債権者資本コスト	3.0%	
WACC	5.8%	

これを基に，理論株価の計算を行う。

	2024（予想）	2025（予想）	2026（予想）	2027（予想）	2028（予想）	ターミナルバリュー
営業利益	20,000,000	22,000,000	24,000,000	26,000,000	28,000,000	
法人税等	10,000,000	11,000,000	12,000,000	13,000,000	14,000,000	
税引き後営業利益	10,000,000	11,000,000	12,000,000	13,000,000	14,000,000	
減価償却費	5,000,000	6,000,000	6,500,000	6,800,000	7,100,000	
運転資本増加額	4,000,000	4,400,000	4,800,000	5,200,000	5,600,000	
設備投資	7,000,000	7,200,000	7,400,000	7,500,000	7,500,000	
フリーキャッシュフロー	4,000,000	5,400,000	6,300,000	7,100,000	8,000,000	212,869,565
割引率	1.06	1.12	1.19	1.25	1.33	1.33
現在価値	3,779,528	4,821,130	5,314,631	5,659,375	6,025,285	160,324,982

理論企業価値	185,924,930
債権者価値	50,000,000
理論時価総額	135,924,930
発行済み株式数	100,000
理論株価	1,359

(3) 残余利益モデル (RIM)

	2024 (予想)	2025 (予想)	2026 (予想)	2027 (予想)	2028 (予想)	ターミナルバリュー
営業利益	20,000,000	22,000,000	24,000,000	26,000,000	28,000,000	
支払利息	1,500,000	1,500,000	1,500,000	1,500,000	1,500,000	
税前利益	18,500,000	20,500,000	22,500,000	24,500,000	26,500,000	
法人税等	9,250,000	10,250,000	11,250,000	12,250,000	13,250,000	
当期純利益	9,250,000	10,250,000	11,250,000	12,250,000	13,250,000	
配当額	4,625,000	5,125,000	5,625,000	6,125,000	6,625,000	
株主資本	104,625,000	109,750,000	115,375,000	121,500,000	128,125,000	
残余利益	1,250,000	1,880,000	2,470,000	3,020,000	3,530,000	50,932,857
割引率	1.08	1.17	1.26	1.36	1.47	1.47
現在価値	1,157,407	1,611,797	1,960,766	2,219,790	2,402,459	34,664,047

株主資本	100,000,000
残余利益の現在価値	44,016,266
理論時価総額	144,016,266
発行済み株式数	100,000
理論株価	1,440

(4) 経済的付加価値モデル (EVA)

NOPATの算出

	2024 (予想)	2025 (予想)	2026 (予想)	2027 (予想)	2028 (予想)	ターミナルバリュー
営業利益	20,000,000	22,000,000	24,000,000	26,000,000	28,000,000	
法人税等	10,000,000	11,000,000	12,000,000	13,000,000	14,000,000	
税引き後営業利益	10,000,000	11,000,000	12,000,000	13,000,000	14,000,000	

投下資本の算出 (株主資本と有利子負債の算出)

	2024 (予想)	2025 (予想)	2026 (予想)	2027 (予想)	2028 (予想)	ターミナルバリュー
営業利益	20,000,000	22,000,000	24,000,000	26,000,000	28,000,000	
支払利息	1,500,000	1,500,000	1,500,000	1,500,000	1,500,000	
税前利益	18,500,000	20,500,000	22,500,000	24,500,000	26,500,000	
法人税等	9,250,000	10,250,000	11,250,000	12,250,000	13,250,000	
当期純利益	9,250,000	10,250,000	11,250,000	12,250,000	13,250,000	
配当金	4,625,000	5,125,000	5,625,000	6,125,000	6,625,000	
株主資本	104,625,000	109,750,000	115,375,000	121,500,000	128,125,000	
当期純利益	9,250,000	10,250,000	11,250,000	12,250,000	13,250,000	
減価償却費	5,000,000	6,000,000	6,500,000	6,800,000	7,100,000	
運転資本増加額	4,000,000	4,400,000	4,800,000	5,200,000	5,600,000	
設備投資	7,000,000	7,200,000	7,400,000	7,500,000	7,500,000	

配当金	4,625,000	5,125,000	5,625,000	6,125,000	6,625,000	
有利子負債	51,375,000	51,850,000	51,925,000	51,700,000	51,075,000	
投下資本	156,000,000	161,600,000	167,300,000	173,200,000	179,200,000	

EVAの算出

	2024（予想）	2025（予想）	2026（予想）	2027（予想）	2028（予想）	ターミナルバリュー
EVA	1,250,000	1,900,000	2,573,333	3,240,833	3,896,667	73,427,813
割引率	1.06	1.12	1.19	1.25	1.33	1.33
現在価値	1,181,102	1,696,323	2,170,844	2,583,252	2,934,816	55,302,939

投下資本	150,000,000
EVAの現在価値	65,869,277
理論企業価値	215,869,277
債権者価値	50,000,000
理論時価総額	165,869,277
発行済み株式数	100,000
理論株価	1,659

EVAにおいて有利子負債の水準は単純化のため以下の数式を用いている。

$$
\text{有利子負債}_{t+1} = \text{有利子負債}_{t} - (\text{当期純利益}_{t+1} + \text{減価償却費}_{t+1} - \text{運転資本増加額}_{t+1} - \text{設備投資}_{t+1} - \text{配当金}_{t+1})
$$

以上，4つのエクイティ・バリュエーションモデルの理論株価とアップサイドは以下のようになる。

	株価	アップサイド
現在の株価	1,000	
DDMによる理論株価	1,150	15%
DCFによる理論株価	1,359	36%
RIMによる理論株価	1,440	44%
EVAによる理論株価	1,659	66%

理論的には4つのモデルは同一であり，同一の理論株価が導出されることが期待される。しかし，様々な前提条件の問題もあり，実際には，それぞれのモデルで導出した理論株価は異なる。また，参考までに，現在の株価を所与として，株主資本コストを逆算して求める期待リターンは，以下のようになる。

DDM	8.7%
DCF	9.3%
RIM	10.6%
EVA	11.1%

第8節のポイント

- 配当割引モデル（DDM）は，配当額予想が安定している一方，配当性向に影響されることは注意が必要である。配当性向がゼロあるいは極端に低い成長企業には不向きである。また，ターミナルバリューのウエイトが高いことも，実務上問題となる。
- ディスカウント・キャッシュフローモデル（DCF）では，フリーキャッシュフローが設備投資の額に大きく左右されるため，不安定であり，ターミナルバリューの計算時の水準を決めるのが難しい。また，DDMと同様，ターミナルバリューのウエイトが高く，フリーキャッシュフローも永久成長率の影響が大きい。
- 残余利益モデル（RIM）では，1期間の企業評価が可能となる。また，理論時価総額の中で株主資本の占めるウエイトが高いため，DDMやDCFと比較して，ターミナルバリューのウエイトは比較的低い。ただし，クリーンサープラスが成立しないと成り立たないという短所がある。
- 経済的利益モデル（EVA）のエクイティ・バリュエーションとしての優位点は，RIMと類似している。企業価値を生み出したか，棄損したかという各期の業績を判断できる。また，企業価値の中に占める投下資本の割合が大きいため，ターミナルバリューの影響が相対的に小さい。
- 理論価格と現在の株価を比較し，理論価格のほうが高い場合，そのアップサイドが期待リターンでないことには注意が必要である。そこには，資本コストのリターンが反映されていない。期待リターンは，IRR方式で導出する（ただし，リスクは反映されない）。

Column 8 銀行の企業価値算出とディスカウント・キャッシュフローモデル（DCF）

DCFを共通のエクイティ・バリュエーションツールとしているアセットマネジメント会社も多い。その場合，問題となるのは銀行の企業価値算出である。DCFは，企業価値の視点での分析であるため，加重平均資本コスト（WACC）を用いる。しかし，銀行は事業活動の一環である預金が有利子負債となっている。そのため，WACC導出に必要な安定した資本構成を予想するのは難しい。また，事業活動からのCFと財務活動からのCFとも未分離の状況である。こうした問題の多くは，経済的付加価値モデル（EVA）も共有している。そのため，DCFを基本としながらも，銀行セクター（あるいは金融セクター全体）だけ，株主価値を直接導出する配当割引モデル（DDM）や残余利益モデル（RIM）を使用するアセットマネジメント会社もある。

9　アナリストによる企業分析のまとめ

以上，本章ではアナリストによる企業分析を紹介した。過去分析→業績予想→エクイティ・バリュエーションの順序で行うが，最大の難関は業績予想，その中でもセグメントの売上高・営業利益予想である。これは，アナリストが企業の公開情報にしかアクセスできないためである。企業内部であれば，管理会計の数値があるため，その数値を基にセグメント予想ができるが，アナリストはこうした数値を，実績であっても推定する必要がある。そのため，アナリストは，その企業の属するセクターや，その企業そのものに精通する必要があり，経験年数が重要になってくる。

アナリストは，証券会社に所属するセルサイド・アナリストと，アセットマネジメント会社に所属するバイサイド・アナリストに分かれる。どちらのアナリストも企業分析を行うが，若干役割が異なる。

セルサイド・アナリストは，様々なアセットマネジメント会社が顧客であり，ポートフォリオマネージャーやバイサイド・アナリストに対して情報提供を行う。企業分析で言えば，セクター分析等の川上に精通している場合が多い。そのため，担当セクターの経験年数は豊富であり，企業と十分な人間関係も構築されている。一方，エクイティ・バリュエーションなどは，本書で紹介した理論株価を導出するようなDDM，DCF，RIM，EVAはあまり使わない。PER，EV／EBITDA等のマルチプルが中心である。これは，顧客であるアセットマネジメント会社が，それぞれ異なったエクイティ・バリュエーションを用いているためである。たとえば，DCFを用いているアセットマネジメント会社にDDMでの理論株価を説明しても顧客の要望に応えられない。そのため，セルサイド・アナリストは，産業分析，業績予想までがその役割の中心となる。

一方，バイサイド・アナリストは川下に強みを持つ。各アセットマネジメント会社の投資哲学に従って，業績予想の期間やエクイティ・バリュエーションが決められている。バイサイド・アナリストは，これらに基づいて，理論株価を導出し，個別銘柄の投資判断を行う。また，バイサイド・アナリストは，セルサイド・アナリストの情報を利用できるので，産業情報などを補うことができる。そのため，セクター経験年数問題は，セルサイド・アナリストほど大きくはない。ただし，セルサイド・アナリストもバイサイド・アナリストも，業績予想が最重要であることには変わりはない。

過去分析，業績予想，エクイティ・バリュエーションのスプレッドシートが完成したら，このシートを基に，感応度分析，シナリオ分析，シミュレーションなどを行うことできる。新商品の販売やコスト削減などが，理論株価にどのように影響をもたらすかを計測することができる。逆に，理論株価にとって，何が大きなドライバーなのかを確認することができることも大きい。こうしたスプレッドシートは，理論株価を導出するだけのものではない。

次に，エクイティ・バリュエーションについて補足する。本書では，株主資本コストや債権者資本コストなどの資本コストについて，実質値ではなくインフレを反映させた名目値を用いた。これは，財務諸表が名目値であり，これに基づいて予想する，利益やキャッシュフローも名目値であるからである。ルールはシンプルで，理論株価導出式の分母と分子をそろえることである。分母が名目値であれば分子も名目値，分母が実質値であれば分子も実質値にする。ただし，業績予想は基本的に名目値で行うため（過去分析自体が名目値によっている），基本的には資本コストは名目値となる。

エクイティ・バリュエーションに関する問題点で最大なのは，株主価値や企業価値に占めるターミナルバリューの割合が高いことである。とくに，DDMやDCFで顕著である。本書の設例でも，明白である。その結果，永久成長率に依拠してしまい，5年間の明示的な業績予想が意味を持たないと指摘されることも多い。しかし，前述したが，ターミナルバリュー自体が，業績予想に依拠していることも確かであり，やはり明示的な業績予想は重要である。永久成長率については，社内的にルールを決め，企業によってあまり大きな差をつけないことである。もし，高い成長率を持続すると考えられるなら，永久成長率を調整するのではなく，明示的な業績予想の期間を延ばすことをお勧めする。

業績予想は線形的なものとなる。たとえば，高収益事業部門は，投資も拡大することから，事業部門も拡大する。一方，低収益事業部門は，投資も縮小することから，徐々に縮小していくといった予想になる。しかし，実際の経営では，こうした低収益事業部門から，場合によっては撤退するかもしれない。その場合，業績予想のシナリオが変わり，理論株価はより高いものになる可能性がある。撤退するかどうかは，経営者の判断であり，アナリストが決めることができない。経営者は，今後様々な状況判断から低収益事業部門からの撤退を検討する。すなわち，経営者は撤退のオプションを持っているのである。

また，高収益事業部門や新規の事業が，予想よりも状況が良かったなら，当初よりも投資を拡大するかもしれない。この場合も，理論株価は上昇するであろう。そして，経営者はこうした拡大のオプションを持っているのである。すなわち，経営には柔軟性があるが，アナリストの業績予想とエクイティ・バリュエーションでは，これを反映させることはできない。その結果，アナリストが予想する理論株価は過小評価となっている可能性がある。1つの解決方法として，シナリオ分析で補完することも考えられる。スプレッドシートが完成しているので，比較的容易に行うことができる。もう1つは，オプション理論を用いて理論株価を導出する，いわゆるリアルオプションの導入である。これは，20年以上前から試みられているが，いまだアナリストの企業分析で用いられる段階には至っていない。

最後に，理論的な整合性や簡略化について述べたい。これまで説明してきた企業分析は数多くの簡略化を行っている。そのため，正確性に問題があるようにも思われるかもしれない。しかし，業績予想自体が極めて不確実性を伴うものであり，簡略化による正確性の問題は無視できるほど小さい（さらに，理論的に矛盾していることも数多く含まれている)。たとえば，WACCの計算で時価総額を用いている。これは，現在の株価が正しいという前提で，理論株価を算出して現在の株価との差を求めようとしている。そこでは，現在の株価は企業価値を正しく反映していないという前提に立っている。同様のことが株主資本コストの算出で，CAPMを用いた場合，現在の株価が正しいという前提にある。そして，この株主資本コストは，現在の株価を否定する理論株価の導出に用いられる。しかし，こうした矛盾は，業績予想の不確実性の大きさから考えれば，深入りする必要はないと考えられる。

設例2－7

(問題)

アセットマネジメント会社によれば，現在の市場価格を正しいという前提で，市場全体のインプライド株主資本コストを算出する方法をとっているところもある。本書で紹介した，エクイティ・バリュエーションで，理論株価に現在の株価を導入して，株主資本コストを逆算する方法である（IRR方式)。そして，その後，各社の個別リスクをこのインプライド株主資本コストに反映させ，各銘柄の理論株価を導出する。この方法は，どこにメリットがあるのであろうか。ヒントとして，アセットマネジメント会社は，顧客から市場を上回るリターンを要求されていることが挙げられる。この場合，どの銘柄が買いで，どの銘柄が売りかを決める必要がある。言い換えれば，各銘柄の相対順位が重要になる。

解答

過去のデータから株主資本コストを導出した場合，絶対水準で，理論株価と現在の株価を比べることになる。この場合，バブルで市場が異常に高騰した場合，すべての銘柄の理論株価が現在の株価を下回り，買うまたは保有する銘柄がないということが起きる。一方，金融危機のような大暴落が起きた場合，すべての銘柄の理論株価が現在の株価を上回り，すべて買いまたは保有という結果となる。これは，理論上は正しいが，市場を上回るリターンを上げるという目的では，問題が起こる。そこで，インプライドの株主資本コストが用いられることになる。市場が暴騰した場合，インプライドの株主資本コストも上昇する。その結果，一定数の銘柄の理論株価が現在の株価を上回り，またある一定数の銘柄の理論株価が現在の株価を下回る。つまり，常に買い銘柄と売り銘柄が存在することになる。同様に，市場が暴落した場合，株主資本コストも下がり，一定数の銘柄の理論株価が現在の株価を上回り，またある一定数の銘柄の理論株価が現在の株価を下回る。つまり，インプライドの株主資本コストを用いると，常に銘柄の相対順位が確保される。ただし，この方法は，絶対リターン追求型ポートフォリオでは，用いるのは難しい。各銘柄の相対的な割安さを見るのではなく，絶対的に割安な銘柄を発掘する投資スタイルであるからである。

第9節のポイント

- アナリストによる企業分析は，過去分析→業績予想→エクイティ・バリュエーションの順序で行うが，最大の難関は業績予想，その中でもセグメントの売上高・営業利益予想である。
- セルサイド・アナリストは，産業分析，業績予想といった川上に強みを持ち，一方，バイサイド・アナリストは，業績予想，エクイティ・バリュエーションといった川下に強みを持つ。ただし，どちらも，業績予想が最重要である。
- 実際の経営は，状況によって事業を撤退し，タイミングを計って事業を拡大するという柔軟性を持つ。しかし，アナリスト予想にはこれらを反映させることができず，結果として企業価値（株主価値）を過小評価している可能性がある。それを補うため，リアルオプションの導入が提唱されているが，いまだアナリストの企業分析で用いられる段階には至っていない。
- 企業分析は数多くの簡略化をするため，正確性に問題がある。しかし，業績予想自体が極めて不確実性を伴うものであり，それと比べれば，簡略化による正確性の問題は無視できるほど小さい。

Column 9　セルサイド・アナリストとバイサイド・アナリスト

本文でも，説明したが，セルサイド・アナリストとバイサイド・アナリストは，同じように企業分析を行っているが，その目的や手法が異なる。しかし，両者は，キャリアとして頻繁に行き来している。すなわち，株式運用自体を行いたいと思うセルサイド・アナリストが，証券会社からアセットマネジメント会社に移り，バイサイド・アナリストとなり，ポートフォリオマネージャーを目指すというものである。逆に，バイサイド・アナリストが，より多くの人に自身のリサーチを発表したいと思い，アセットマネジメント会社から証券会社に移りセルサイド・アナリストになるというものもある。この場合，元々証券会社の顧客側にいたため，顧客のニーズを把握していることが強みとなる。セルサイド，バイサイド，どちらでスタートしても，その後どのようなキャリアを目指すかで，変更可能である。

第3章

昨今のトピックス

企業分析手法は，時代とともに変化していく。こうした時代の流れに置いて行かれると，有効な企業分析を行うことはできなくなる。この章では，この10年ほどで企業分析に大きく影響を及ぼしてきているトピックスについて取り上げる。具体的には，ESG投資，コーポレートガバナンス，エンゲージメント，AIなどである。もちろん，コーポレートガバナンスは，ESGの一部であるが独立の節で取り上げる。また，AIの節でESGリサーチについて取り上げる。言い換えれば，こうした新しい変化は，相互に関連していると言える。

1　ESG投資

環境（E），社会（S），ガバナンス（G）を考慮したESG投資が，この10年ほどで急拡大してきている。そのため，こうしたESG情報を企業分析にどのように反映させるかが，大きな課題となっている。これらは，いわゆる非財務情報であり，直接企業分析に取り入れるのは難しい。分析方法は，まだ確立されていないとも言える。本書では，これまで説明してきた，企業分析のフレームワークにいかに取り入れるかについて紹介する。ただ，その前に，ESG投資の歴史について振り返ってみたい。

(1) ESG投資の歴史

ESGの歴史を振り返るためには，まずSRI（Socially Responsible Investment）にまで遡る必要がある。2000年ごろ，企業の社会的責任（CSR：Corporate Social Responsibility）が注目されるようになった。その影響を受け，アセットマネジメント会社では，企業のCSRを評価した，SRI（Socially Responsible Investment）ファンドが開発されるようになった。環境や社会問題の解決に貢献している企業を選別して投資する手法である。メディアにも取り上げられ，話題としては一時期ブームになったが，ファンドが拡大することはなく，すぐに縮小していくことになった。

それでは，SRIが普及しなかった理由はどこにあるのだろうか。結論から言えば，企業の社会的責任とファンドのパフォーマンスとの関連が希薄であったためである。投資家は，社会的正義の実践には賛同しても，最も重要なのはファンドパフォーマンスであったからである。CSRとパフォーマンスとの因果関係が不明確である一方，CSRを重視するためパフォーマンスを犠牲にするリスクが大きいのではないかととらえられた。機関投資家の中心は，年金基金等であるが，彼らは最終受益者（年金の場合は，年金の加入者や受益者）に対して，経済的リターンの最大化を図るものと考えられていた。そのため，CSRを中心にファンドを組むことは，投資の制約をもたらし，リターンの最大化が阻害されるリスクが高まると考えられた。その結果，年金等の機関投資家は，SRIへの投資を躊躇した。さらに，受託者責任を伴わない個人投資家にもSRIは普及しなかった。

SRIは普及しなかったが，企業のCSRの重要性については引き続き認識されていた。そうした中，SRIに代わり新たに登場したのが，ESG投資である。これは，SRIの欠点であったパフォーマンスとの関連性が，改善されたものであった。すなわち，SRIのようにCSRを独立に評価して投資するのではなく，従来からある伝統的な利益やキャッシュフローの予想にESGを結びつけたのである。

ESG投資は，環境（E），社会（S），コーポレートガバナンス（G）を考慮した投資である。ただし，この３つのファクターは代表的な例であって，ESG投資は企業の財務情報以外の情報，すなわち，非財務情報を含めた投資を意味する。アナリストは，企業の将来の利益やキャッシュフローを予想するが，その時に財務情報だけでは不十分であり，非財務情報の分析も考慮する必要がある。たとえば，取締役会が機能しているかどうか，従業員のモチベーションが高いかどうかなどである。

非財務情報は，言い換えれば，将来の財務情報であると言える。このことは，ESGが登場する以前からアナリストが行っていたことである。とくに長期投資の場合，こうした非財務情報の利用は重要である。ESGが議論される中，非財務情報の中で，環境や社会が取り上げられる一方，比較的に企業価値・株主価値と直接的に結びつくコーポレートガバナンスが加えられたことも重要であった。

ESGは，短期的には企業価値・株主価値への影響が小さいが，長期的にはその重要性が高まる。環境問題は世界的な課題であり，この対応が長期的な企業価値に影響を与える。また，従業員の満足度が低いと長期的には企業業績に悪影響をもたらす。さらには，コーポレートガバナンス体制が強固でないと，優れたCEOを選出することができず，その結果，長期的には企業価値・株主価値を毀損するといったものである。

したがって，長期投資を行うためには，ESGを代表とした非財務情報は必須となる。繰り返しになるが，長期投資にこうした非財務情報を利用して，将来の財務情報を予想することは，従来から行われていた。したがって，長期投資家には，このESG投資は比較的受け入れられたし，そのスキルもあったと言える。

ESG投資のもう１つの特徴は，これまでの財務情報を中心とした投資手法を否定していないことである。財務情報ではカバーしきれないファクターを，ESGによって補完するというものである。すなわち，財務情報とESGを中心とした非財務情報は，車の両輪であり，どちらが欠けても長期投資は成り立たない。いわゆる従来型の投資手法とESGを統合するESGインテグレーションと呼ばれる手法が確立された。その結果，SRIで問題となった受託者責任の問題が解決されることになる。すなわち，ESGインテグレーションは，ESG情報を利用することによって，長期のリターンを最大化する手法だということができるからだ。当時，企業の長期的な成長を阻害してまで短期の利益を求める企業や投資家が問題視されていたことからも，このESGインテグレーションは，長期投資の救世主として多くの投資家に受け入れられ，拡大していった。

（2）ESGをどのように業績予想モデルに反映させるか

前述したが，長期投資には，これまでも非財務情報は用いられてきた。しかし，あくまで定性要因として評価され，業績予想モデルに明示的に組み込まれることは稀であった。たとえば，企業が中期経営計画を発表した場合，その達成にはコーポレートガバナンスが重要である。コーポレートガバナンスが優れた企業は，中期経営計画を達成する可能性は高いが，それを明示的に業績予想モデルに反映してはいなかった。すなわち，利益やキャッシュフローのどの部分がコーポレートガバナンスの優位性からもたらされているかを区別することは極めて難しい。しかし，昨今，ESGを明示的な形で，業績予想モデルに反映しようとする試みが行われている。

まず，ESGを投資判断に用いる簡易な方法は，ESGレーティングを利用するものである。MSCIやモーニングスター・サステナリティクスなどのESGデータ提供会社は，幅広く日本企業をカバーしてESGスコアを提供している。アセットマネジメント会社は，これらのスコアをそのまま使用するのではなく，提供されたデータを基に独自のリサーチを付加して，自分たちのESGスコアを導出している場合が多い。そして，自らのESGレーティングをカバーしている銘柄に付与している。同様に，通常のファンダメンタルズリサーチに基づいた投資レーティングも持っている。この2つのレーティングから投資判断を決めている場合もある。**図表3－1**が，その簡単な例である。それぞれより優れたものからAからEまでの5段階で評価しているとする。

この方法は，わかりやすいが，ファンダメンタルズ（財務情報中心）とESG

が統合されているといえない。お互い別々に評価して，両者が独立した指標として，総合判断を行うものである。

図表3－1 ファンダメンタルズレーティングとESGレーティング

ESGレーティング ＼ ファンダメンタルズレーティング	A	B	C	D	E
A	Buy	Buy	Hold	Sell	Sell
B	Buy	Hold	Sell	Sell	Sell
C	Hold	Sell	Sell	Sell	Sell
D	Sell	Sell	Sell	Sell	Sell
E	Sell	Sell	Sell	Sell	Sell

しかし，こうした手法ではなく，ファンダメンタルズ分析にESGを統合させることも試みられている。その場合は，第1章でも述べたが，ルートは2つとなる。まず，予想利益やキャッシュフローに反映させるルートである。そして，もう1つは，資本コストに反映させるルートとなる。

利益やキャッシュフローに反映させる方法は，対象企業によって様々である。まず，売上に関しては，環境を考慮した製品は，環境基準が厳しい国や地域への売上が期待できる。さらに，新たな環境基準が導入された場合，相対的に競争力が上昇することが考えられる。また，日本国内では水は豊富にあるが，国外で工場を拡張する場合，水の問題は大きい。事業の拡張には，こうした水の問題を解決する必要がある。一方，費用面でも，資源効率を高めることによって，コスト削減が促進されることが期待される。また，コーポレートガバナンスが進んだ企業ほど，コスト削減計画への信頼度は高い。さらに，生産性に関しては，従業員のモチベーションも重要である。最近は，従業員エンゲージメント指数も一般化してきている。従業員エンゲージメントと企業の生産性は，あきらかにリンクしている。

こうしたESG情報を，モデル上利益やキャッシュフローに反映させるのは容易ではない。さらに，できるだけ明示的に反映させないといけない。たとえば，環境に考慮した製品の売上をどのように予想したかなどを示す必要がある。一方で，難しいのは，将来環境規制が高まり，こうした製品が優位になると考えられる場合である。その時期がわかっていれば問題ないが，潜在的な可能性の場合，モデルに反映させるのは困難となる。一方，こうしたESG情報の反映は，5年や10年といった業績予想の中で行われるべきであって，ターミナルバリューの永久成長率に反映させるのは問題である。期待が過剰に反映されるリスクがあるからである。

次に資本コストに反映させるルートについて考えてみたい。すでに，資本コスト算出のところで触れたが，ESGが優れた企業は，そうでない企業と比べてリスクが低いことは確かである。たとえば，サプライチェーンをしっかりモニタリングできていない場合，そこで児童労働などの問題が発覚すれば，評判リスクが高まり，不買運動に至る可能性もある。しかし，ESGとリスクとの関係があきらかであるが，どのように反映させるかが，極めて難しい。ESGレーティング等を用いて，反映させるときは，資本コストを何ポイント影響させるか，明確な因果関係が示せていなければ，恣意性を除去することはできない。これも，前述したとおりである。

この問題について，残念ながら明確な解答を示すことはできない。ただ，可能性について言及したい。投資ユニバースとして，400社，500社など業績予想モデルができあがっているなら，現在の株価を導入してインプライドの株主資本コストを計算する（ESGリスクは株主資本コストだけでなく債権者資本コストにも影響してくるため，WACCでも構わない）。そして，各社のリスクプレミアムからレバレッジなど財務情報によるものを除去する。残りを非財務情報によるものと考え，各社のESG評価と比較して，ESGのリスクプレミアムを導出するというものである。これによれば，前述した恣意性は除去できる。

最後に，少し細かい点に言及する。このように，ESGを利益やキャッシュフロー（モデルの分子）や資本コスト（モデルの分母）に反映させるが，二重に反映させていないかに注意する必要がある。あるESGの効果を，両方に反映させてしまって，ESGが過大評価されてしまうことである。ただし，これを切り分けることはたいへん困難であるとともに，もともとESGを利益やキャッシュフローに反映させることも，資本コストに反映させることも不確実性が高いので，この問題の全体への影響は軽微であると考えられる。

（3） 今後のESG投資の課題

ESGインテグレーションがESG投資拡大のけん引役になってきたが，昨今，グリーンウォッシングという新たな問題を抱えることになった。ESG投資が急拡大してきたため，これまであまりESG投資に取り組んでいなかったアセットマネジメント会社が，急にこの市場に参入してきた。その結果，ESG投資のクオリティに問題が生じてきている。

すなわち，ESG投資というラベリングをしているのにもかかわらず，実際ESGの要素が希薄で，ほとんど従来型のファンドと変わらない運用が行われているという問題である。各国金融当局は，このグリーンウォッシングの問題に目を光らせている。そのとき，対象となるのがESGインテグレーションである。ESGインテグレーションでは，従来型の財務情報を中心とした手法に，どの程度ESGの要素を加えるかは，アセットマネジメント会社や，実際に運用を担当するファンドマネージャーの裁量による。ESGをほとんど考慮しなくても，ファンドは組成できるからである。

したがって，ESG投資と言えば，テーマ型の環境ファンドなどが中心となり，ESGインテグレーションが，ESGファンドとして認められなくなる可能性がある。こうした流れは，かつて失速したSRIのようなファンドのみがESG投資として認められることになり，ESGインテグレーションがクリアした受託者責任の問題に再度直面することになる。

また，別の国際的なトレンドもESGインテグレーションにとって，厳しい対応を迫っている。それは，世界的な気候変動に対する取り組みである。

2015年，COP21（国連気候変動枠組条約第21回締約国会議）が開催され，パリ協定が採択され，2016年に発効された。地球の温度上昇を，1.5℃に抑える努力を追求することを求めるものである。この目標を実現するためには，2050年までにネットゼロを達成する必要があり，各国は，温室効果ガス（GHG）の削減目標を提出することが求められている。ネットゼロとは，温室効果ガスの排出量から，植林などによる吸収量を差し引いて，合計をゼロにするというものである。2015年に発表された持続可能な開発目標（SDGs：Sustainable Development Goals）とも連携して，各国は温室効果ガスの削減に取り組んでいる。日本政府も，2020年10月に「2050年カーボンニュートラル（ネットゼロ）」を宣言した。

こうしてネットゼロを目指して，国だけではなく民間，すなわち企業も自主的に取り組みはじめた。アセットマネジメント業界も例外ではなく，多くのアセットオーナー（年金，大学基金，保険会社等）やアセットマネジメント会社がネットゼロに取り組んでいる。2021年10月から11月にイギリスのグラスゴーで開催されたCOP26では，金融機関によるネットゼロを推進する組織GFANZ（Glasgow Financial Alliance for Net Zero）が発足した。ここには，多くのアセットオーナーやアセットマネジメント会社が参画している。これほど影響力のある投資家が賛同しているため，ESG投資にも大きく影響を与えることとなった。すなわち，ポートフォリオベースでネットゼロを実現しようとする試みが本格化してきている。

こうした世界的なネットゼロ達成が，投資判断へも影響を与える結果となっていることから，2つの潜在的な問題が生じてきている。1つは，技術的な問題である。企業による温室効果ガスの削減は，スコープ1，スコープ2，スコープ3という3つのレベルが定義されている。スコープ1は企業自身による温室効果ガスの直接排出量，スコープ2は他から供給された温室効果ガスの間接排出量（電気の使用等），スコープ3はスコープ1，スコープ2を除いたすべてのサプライチェーンの温室効果ガスの排出量である。ここで問題になるのは，スコープ3である。実際，この数値を把握している企業は少ない。その結果，開示資料から把握することは困難である。このように数値がわからない状況で，アセットオーナーやアセットマネジメント会社は，ポートフォリオ上でネットゼロを目指すことになる。もちろん，ESGのデータ提供会社がスコープ3の推定値を提供しているので，これを代替として使用することは可能である。しかし，あくまで推定値であって，もし企業が実際の数値を開示した場合，大きな乖離がある危険性を伴う。また，データベンダーが推定式を変更すると推定値も変わってしまうという問題も抱えている。

2つ目の問題は，より本質的なものである。すなわち，ネットゼロを目指すことがパフォーマンスを棄損する可能性がないかということである。ESGインテグレーションの場合は，ESG情報を業績予想に反映させることによって，より高いパフォーマンスを目指すものである。長期投資の観点から，ESGインテグレーションは，パフォーマンスの向上と結びついている。その結果，ESG投資全般も，パフォーマンスを向上させるものと認識されている。そのため，単にポートフォリオ上で温室効果ガスの排出を削減することが，どうしてパフォーマンスの向上につながるのかについて合理的に説明する必要がある。もちろん，温室効果ガスの削減は，企業にとって有効である。ただし，企業のESGの課題は温室効果ガスの問題だけではない。この問題が優先されることによって，他のESG課題が犠牲にならないともいえない。こうした今後のESG投資の課題については，企業分析を行っていくうえで重要であり，目を離すことができない。

(4) インパクト投資

ESG投資だけでなく，環境や社会的課題に取り組む企業に投資を行うインパクト投資も，拡大してきている。現在は，未上場株が中心であるが，上場株にまで拡大してきており，アセットクラスも拡大が期待されている。パフォーマンスについては，経済的なリターンとインパクトの2つに分け，その両方を追うというものである。ESG投資の場合，ESGを考慮することで株式のパフォーマンスが向上すると説明されることが多い。しかし，インパクト投資は，株式のパフォーマンスとインパクトを分けており，さらには，このパフォーマンスも市場並みでもかまわないとされることが多い。したがって，インパクトを狙うことが，必ずしも市場を上回るパフォーマンスを上げることを示す必要はない。そのため，このインパクト投資が，年金等の受託者責任を満たしているかどうかわからない。しかし，現存の顧客はこうした課題を納得の上でファンドを購入している。顧客とのコミュニケーションという意味では，インパクト投資は成功例であると言える。

インパクト投資の最大の課題は，インパクトをどのように計測するのかということである。インパクト投資を行う各アセットマネジメント会社で，計測方法が開発されている一方，Global Impact Investing Network（GIIN）[2]では，インパクト計測のツールIRIS＋を開発し，無料で提供している。その意味では，徐々にではあるが，分析手法が国際的に確立してきている。ただ，これまでは単一事業が多い未上場企業に対してインパクトの計測が行われてきた。今後，複数の事業を持つ上場企業にその分析の範囲が拡大するとき，インパクトの計測はより困難になることが予想される。現在，GIINを含めて，上場企業向けのインパクト計測についても様々な取り組みがなされている[3]。

設例3－1

問題

ESGの優れた企業に投資すると，より高い株式パフォーマンスを得ることができるか。

解答

ESGと株式パフォーマンスについての実証研究は，アカデミックや実務界で数多く行われている。ただし，株式の長期パフォーマンスの要因をESGだけを取り出して計測することは極めて難しく，明確なコンセンサスが得られていない。そうした

2　Global Impact Investing Network（GIIN）https://thegiin.org/
3　辻本臣哉（2022）『サステナブル投資におけるグリーンウォッシングの現状とその防止に関する一考察』企業と社会フォーラム学会誌11号，pp50-57。辻本臣哉（2023）『ESG投資の現状と課題』金融・資本市場リサーチ12号，pp.115-126。

中, ESG情報がまだ株価に反映されていないなら, ESGによって超過リターンをとることが可能であると言える。しかし, もし, すでにESG情報が株価に反映されているなら, ESGによって超過リターンをとることは難しくなる。近年の, ESG投資の拡大によって, 株価は十分ESG情報を反映するようになっているかもしれない。

少し複雑になるが, ESGの優れた企業の資本コストは, 通常の企業と比較して低くなる。その分, リスクが低いからである。一方, ESG情報が株価に反映されているなら, そのリターンは資本コストに帰着する。すなわち, ESGの優れた企業のリターンは, 通常の企業と比較して劣後する可能性がある。もちろん, リスクが低いことは確かである。

一方, 実証研究である程度コンセンサスを得られているのが, ESGの優れた企業は, ESGの劣った企業と比べて株価が高く評価されていることである。これは, 超過リターンが取れるということではなく, バリュエーションが高いということである。ここで言えることは, ESGを改善すると, 株式パフォーマンスが向上するということである。したがって, 現在, エンゲージメントで上場企業にESGの改善を促すことは, パフォーマンスの向上につながると考えられる。

第1節のポイント

- ESGを投資判断に用いる簡易な方法は, ファンダメンタルレーティングとESGレーティングを組み合わせて総合判断をするというものである。
- ファンダメンタルズ分析に, 直接ESGを統合させることも試みられている。そのためのルートは2つあり, 予想利益やキャッシュフローに反映させるルートと, 資本コストに反映させるルートとなる。
- 予想利益やキャッシュフローに反映させるルートでは, 5年や10年といった業績予想の中で明示的に行われるべきであって, ターミナルバリューの永久成長率に反映させるのは問題である。
- 資本コストに反映させるルートでは, ESGとリスクとの関係があきらかである。しかし, 資本コストを何ポイント影響させるか, 明確な因果関係が示すことが難しく, 恣意性を除去することはできないのが大きな問題となる。
- 同じESGファクターを, 予想利益やキャッシュフローと資本コストの両方に反映させることは, 二重に反映させることとなり, ESGを過剰評価してしまうことになるので, 注意する必要がある。

Column 10

確立途上のESGレーティング

ESGレーティングを提供しているリサーチ会社は何社かあるが，同一企業に対するレーティングには差がある。あるESGリサーチ会社がある企業に対して高い評価をしていても，別のESGリサーチ会社はそうではないといった状況である。クレジットレーティングの場合は，非常に似通った評価になるのと比較しても，ESGレーティングはまだコンセンサスといったものがない状況である。もちろん，クレジットとESGとは違いがあることも確かであるし，様々なESGに関する意見の違いがあることは，何も悪いことではない。ただ，あまりにもESGレーティングがリサーチ会社で異なっていれば，どのリサーチ会社のデータを用いるかで，ESG評価に大きな違いが出る。

もちろん，ESGレーティングを用いる，アセットオーナーやアセットマネージャーは，単にESGリサーチ会社のレーティングを使っているわけではなく，自らのESGリサーチを加味して，独自のレーティングに発展させている。ただ，そうではあっても，ベースとなるESGリサーチ会社のレーティングに影響されることは確かである。

2　コーポレートガバナンス

コーポレートガバナンスはESGの一部であるが，企業分析を行ううえでたいへん重要な要素であるため，独立した節を設ける。とくに日本は，長い間コーポレートガバナンスの問題が指摘されてきた。日本のコーポレートガバナンスの特徴を理解し，それを評価できなければ，正確な企業分析は難しい。この節では，まず，コーポレートガバナンスの理論的な枠組みを説明し，その後，日本のコーポレートガバナンスの歴史を振り返り，その評価方法について説明する。

(1)　コーポレートガバナンスの理論

コーポレートガバナンスは，エージェンシー理論によっている。この理論に基づけば，株主は依頼人（プリンシパル），経営者は代理人（エージェント）

となる。株主は企業の所有者であるが，実際の経営は経営者に依頼することになる。依頼人である株主と，株主の代理人である経営者の利害が一致していれば問題はないが，現実は両者の利害対立が起こる。これがエージェンシー問題である。たとえば，株主は少しでも利益を出すことを経営者に求めるが，経営者は不必要な本社ビルに投資をしてしまう。また，株主は配当による株主還元を求めているのにもかかわらず，経営者が設備投資もせず，過剰な内部留保を行ってしまうなどである。そして，この利害対立によって生じるコストがエージェンシーコストである。

エージェンシー理論のもう１つの前提は，依頼人と代理人との情報格差の問題である。依頼人である株主は，企業の外にいるため，企業の中にいる経営者と比べて，企業に関する情報が不足している。すなわち，情報の非対称性問題である。したがって，株主は経営者の行動を監視（モニタリング）する必要がある。こうしたモニタリングを担うのが，コーポレートガバナンスであり，できる限りエージェンシーコストを削減することを目的とする。たとえば，独立社外取締役を選任して，経営者へのモニタリングを強化する。また，ストックオプションを経営者に導入することによって，株主と経営者の利害を一致させるなどである。

（2）　日本のコーポレートガバナンスの歴史と特徴

高度成長期の頃の日本企業のコーポレートガバナンスは，株主ではなく銀行が主体であった。上場企業の資金調達は借入が中心であり，銀行が経営者のモニタリングを担っていた。いくつかの実証研究は，銀行ガバナンスが機能していたことを示している。1980年頃から金融の自由化が進展し，企業は，徐々に銀行借入に依存しなくてもよくなった。その結果，銀行ガバナンスは弱まっていった。それと同時に，株主によるガバナンス強化が期待されたが，株式の持ち合いにより株主の力は限定的であった。そして，企業の経営者は誰からもモニタリングを受けない状況になり，日本のコーポレートガバナンスは大きな問題を抱えるようになった。

日本のコーポレートガバナンスを考えるに際し，日本独特のシステム，ここでは日本型人事システムと呼ぶが，これについて考える必要がある。これは，創業経営者が経営する企業を除く，多くの日本企業に根付く特徴である。日本型人事システムは，新卒一括採用，人事ローテーション，終身雇用からなる。従業員は，ほとんどが新卒一括採用された人々であり，20～30年かけて徐々に選抜され，その中から最終的に社長（CEO）が決められる。総合職で採用された人々は，皆役員や社長になる可能性を持っており，それが企業に対するモチベーションやロイヤルティにもなっている（そのため，選抜はできるだけ会社人生の後に行われる）。選抜の公平性や，将来社長や役員になるための布石として，人事ローテーションによって様々な部署を経験させられる。また，社長や役員になれなくても，定年まで企業に留まることができる。この日本型人事システムは，高度成長期やバブル経済までは，機能したと考えられる。従業員の高いモチベーションにより，日本企業は高い品質の製品を次々と生み出し，一時期は大きな発展をした。

ところが，バブル経済頃から，環境が大きく変化した。企業に最も必要なのは，イノベーションとなった。これまでは，個人の能力よりもチームワークが重要であったが，徐々に個人の能力に依存していくことになる。さらに，品質等が最重要であった場合は，ボトムアップの経営がうまく機能した。極端な話，社長が誰でも，従業員の高いモチベーションによって，問題なく経営が行われていた。

しかし，イノベーションの時代は，トップダウンが重要である。言い換えれば，誰が社長になるかが最重要課題となる。また，グローバルな競争から，各業務の内容も高度化し，人事ローテーションで行えるほど容易なものは少なくなった。どの部署にも，専門家，すなわち，プロフェッショナルが必要となる。その結果，もはや日本型人事システムは時代遅れとなり，経営に問題をきたし，また従業員のモチベーションを上げるものでもなくなった。そして，コーポレートガバナンス上も大きな問題を残すことになる。

前述したように，日本企業は，銀行ガバナンスが弱まった後，コーポレートガバナンスが悪化した。コーポレートガバナンスを強化するためには，まず，社長の指名が最重要である。しかし，多くの日本企業の場合，新卒一括採用の公平なシステムで，徐々に選抜が行われる。もちろん，この方法もそれなりに合理性があるが，過去の成果が必ず現在に生きるとは思われない。すなわち，現在，社長の適任者を選ぶためには，向かない選抜方法であると考えられる。また，この社長の選出には株主が関与していない。現在の社長が，次の社長を決めるのである。現在の社長は，次は会長として会社に留まる。そのため，自らの影響力を維持したいというモチベーションを持ちやすい。その結果，自分の与しやすい部下を後任に選んでしまう可能性がある。また，新しく選ばれた社長も，自分を選んだ社長が会長として取締役会にいると，前社長の経営路線を否定することはできない。すなわち，社長が株主にとって最適な人物が選ばれない可能性が高い上，新しい社長も経営の裁量が狭まってしまうという悪影響がある。

また，日本企業では，社長の報酬と一般報酬の給与にそれほど大きな差はない。これは，社長が結局新卒一括採用・終身雇用の従業員の中から一定のルールで選ばれていく制度から来ている。欧米のように，企業の外部から突然社長が任命されるのではなく，日本の場合，社内のコンセンサスを図りながら，社内から社長が任命される。いわば，社長とは，従業員の代表と言うことができるかもしれない。その結果，社長といえども，従業員の報酬からかけ離れた報酬をもらうことは躊躇される。しかし，株主の視点に立てば，高い業績を上げた社長はそれに見合った報酬をもらうべきである。そうでなければ，社長が高い業績を上げるというインセンティブが生まれない。日本企業は，社長も従業員以上の終身雇用制であり，社長退任後，会長，相談役などとして生涯企業に留まることが多い。そのため，業績を上げても報酬が高くなければ，無難に社長を務め，その後会長，相談役になるというインセンティブが強まる可能性が高い。言い換えれば，社長がリスクをとった経営をしないという可能性がある。さらに，長年こうした日本型人事システムに慣れ親しんだ従業員は，どれほど適任であっても外部からの社長を素直に受け入れることはないであろう。

そして，コーポレートガバナンスで重要な，外部の目であるが，独立社外取締役の導入も，社内では大きな抵抗がある。前述したように，新卒一括採用で，同じ会社の中で働いてきた人達が，社長や取締役になることが当たり前になっている中，外から独立社外取締役が入ってくることに納得しない人も多い。しかし，こうした同質の人達で構成された取締役会だからこそ，外部の目，すなわち，独立社外取締役が必要なのである。

このように日本のコーポレートガバナンスは，大きな問題を抱えていた。その結果，とくに外国人投資家からコーポレートガバナンスの改善が求められていた。こうした中，日本政府もこの問題に取り組み始めた。2014年，投資先企業の持続的成長を促し，顧客・受益者の中長期的な投資リターンの拡大を図ることを目的に，機関投資家に対し，スチュワードシップ・コードが発表された。これは，機関投資家に対し，投資先企業にコーポレートガバナンスの改善を求めることを含んでいる。そして，2015年，今度は上場企業に対し，コーポレートガバナンス・コードを発表した。日本は，他国と比べて，コーポレートガバナンス・コードの制定は遅れたが，スチュワードシップ・コードは英国に次いで導入が早く，さらに両コードによる車の両輪のような働きが期待された。

実際，両コードの発表後，日本の上場企業のコーポレートガバナンスは改善していった。さらには，2022年に開始した東京証券取引所の新市場区分も，こうした流れを後押しした。その結果，**図表3－2**，**図表3－3**のように独立社外取締役の選任や指名委員会・報酬委員会の設置が進んでいる。

もちろん，こうしたプライム市場でのコーポレートガバナンスの改善には，プライム市場の原則が大きな影響を与えていることも確かである。しかし，自主的にコーポレートガバナンスを改善している上場企業も多いことも注目すべきである。

さらに，日本のコーポレートガバナンスの足かせになっていた日本型人事システムが崩れてきていることも大きい。若手を中心に，転職が当たり前になってきており，終身雇用が徐々に形骸化してきている。その結果，中途採用が拡大し，新卒一括採用の割合は徐々に減少してきている。また，自らのキャリア

図表3－2 独立社外取締役の選任比率（プライム市場）

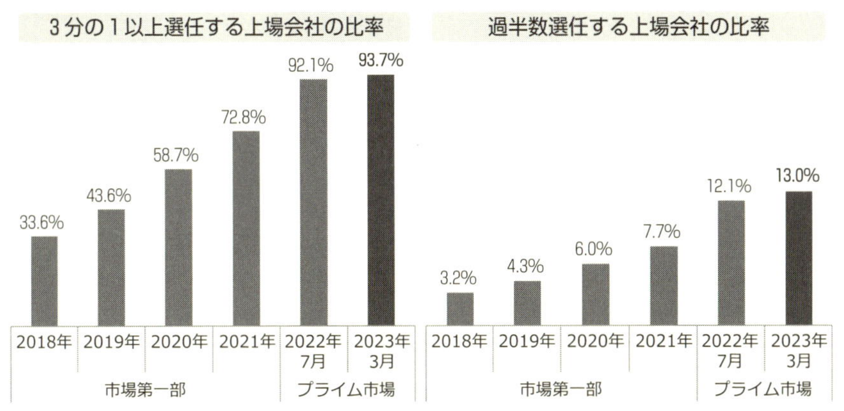

出所：東京証券取引所（2023）『コーポレート・ガバナンスを巡る東証の最近の取組み』

図表3－3 指名委員会・報酬委員会の設置比率（プライム市場）

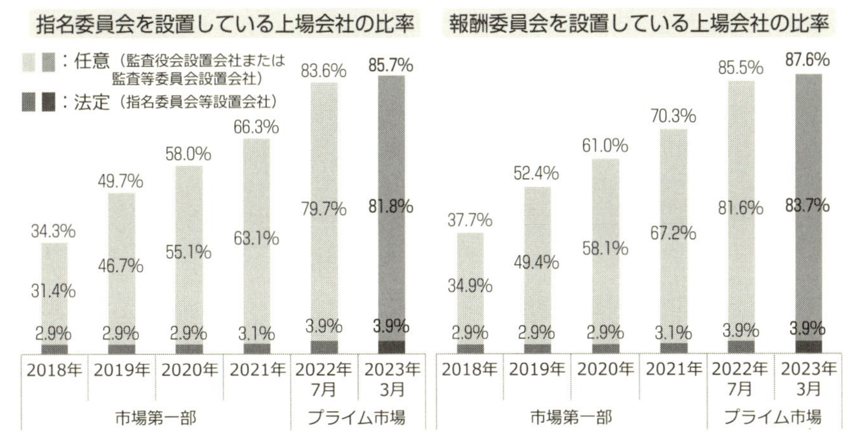

出所：東京証券取引所（2023）『コーポレート・ガバナンスを巡る東証の最近の取組み』

形成を重視する従業員が増えてきており，プロフェッショナル志向が高まっている。そのため，従来の人事ローテーションが好まれなくなっている。こうした状況に，人手不足の状況も深刻になってきたことから，上場企業も人事制度を大きく変革してきている。その結果，外部から，社長や独立社外取締役を招聘することに抵抗感はなくなってきている。

（3） コーポレートガバナンス評価のポイント

ここでは，コーポレートガバナンス評価のポイントについて説明する。まず，取締役会の組織形態について紹介する。

組織形態は，監査役会設置会社，指名委員会等設置会社，監査等委員会設置会社の3つに分かれる。

監査役会設置会社は従来型の形態で，3名以上の監査役で構成する監査役会を設置（半数以上は社外監査役）する。

指名委員会等設置会社は，欧米型の組織形態で，指名委員会，報酬委員会，監査委員会の3員会を設置し，各委員会の委員の過半数は独立社外取締役で構成される。3委員会のうち指名委員会は経営陣の選任・解任を決定する。報酬委員会は取締役や執行役の報酬を決定し，監査委員会は業務や会計が適法かどうかを決定する。

指名委員会等設置会社は，2003年に導入（当時は委員会等設置会社と呼ばれた）され，多くの企業が採用することが期待されたが，ほとんど採用する企業はなかった。そのため，2015年に監査等委員会設置会社が導入された。監査役会設置会社と指名委員会等設置会社の中間に位置する組織形態で，監査等委員会は過半数が独立社外取締役で構成される。こちらは，多くの日本企業が採用してきている。

3つの組織形態の割合であるが，2023年ベースで，監査役会設置会社は53.7%，指名委員会等設置会社は4.2%，監査等委員会設置会社は42.1%となっている（日本取締役協会調べ）。

もちろん，評価としては，指名委員会等設置会社の導入が望ましい。独立社外取締役が過半数を占める法的な裏付けのある3委員会は，モニタリング機能が高いと考えられる。ただし，指名委員会等設置会社を採用しているから，コーポレートガバナンスの問題が起こらないと考えるべきではない。指名委員会等設置会社を採用している企業でも，実際不祥事が起こっている（ただし，不祥事が起こったから，委員会等設置会社の採用に意味がないというわけでもない）。3委員会がしっかり機能しているかどうかのチェックが必要である。

監査役会設置会社や監査等委員会設置会社であっても，任意の指名委員会と報酬委員会の設置が望ましい。そして，両委員会とも，委員長が独立社外取締役であり，委員会の過半数が独立社外取締役であることが望まれる。指名委員会等設置会社と違い，両委員会とも法定ではなく任意であるため，その機能についてはより慎重なチェックが必要である。

取締役会の議長は，独立社外取締役が就くべきである。日本の上場企業の場合，社内取締役である会長や社長が就くことが多いが，この数年，独立社外取締役が就くケースも徐々に見られてきている。また，取締役会に占める独立社外取締役の割合は過半数が求められる。多くのプライム市場の上場企業の独立社外取締役比率は３分の１に達している（**図表３－２**）ので，あと一歩である。独立社外取締役が１，２名だと，なかなか発言がしにくいという状況だが，３分の１いると活発な発言が期待できる。これが，過半数を超えると，より高いモニタリング効果が期待できる。社外取締役には，学者，会計士，弁護士などの専門家が選任されることが多いが，元経営者という社外取締役は必要である。社内取締役も含めて，様々なバックグラウンドを持った人で取締役会が構成されることが求められる。そのため，昨今は，各取締役が持つスキルを，一覧表の形でまとめたスキルマトリックスが作成されるようになった。社長がすべてのスキルを持っていることが重要なのではなく，持っていないスキルを取締役同士で補うことが目的である。

ダイバーシティでは，まず，女性取締役が増加していることは進歩である。しかし，その増加が独立社外取締役によっていることは問題である。やはり，女性の社内取締役が増えていくことが重要である。そのためには，その候補となる，女性の執行役員や部長などの比率も注目すべきである。また，ダイバーシティはジェンダーだけでなく，その事業内容がグローバルであるなら，外国人の取締役も重要である。ただ，この場合，言語がネックとなって，日本語ができる外国人に限られることが多いのが問題である。AIの発展により，将来自動翻訳機能が改善されれば，こうした言語の問題が解決されるかもしれない。

次に報酬についてだが，社長を含めた社内取締役には，やはり業績連動報酬制度の導入は必須である。その場合，どういうKPIに基づいて支払われるかについて明確な規定が必要である。とくに，ストックオプションの導入など，前述したエージェンシーコストを下げる施策は効果があると考えられる。さらに，短期報酬よりも長期報酬を重視すべきである。長期の成長を犠牲にして，短期の利益を求めるというインセンティブを防ぐためである。また，長期報酬のKPIとしてESG指標などを盛り込むことは効果的である。一方，独立社外取締役には，業績連動報酬を導入すべきではない。独立社外取締役の役割は，モニタリングが中心であり，そこに業績連動報酬を入れると，間違ったインセンティブを与えてしまう可能性があるためである。

設例3－2

問題

以下のような取締役会を有する企業を想定する。この企業の問題点を指摘しなさい。単純化のため，監査役関係の情報は省略してある。

基礎情報

監査役会設置会社を採用。

任意の指名委員会と報酬委員会を設置。

取締役

氏名	役職
山田太郎	代表取締役会長
田中清	代表取締役社長
佐藤健一	取締役専務執行役員
池田明	取締役常務執行役員
江口真二	独立社外取締役（弁護士）
山本智	独立社外取締役（大学教授）

取締役に関する追加情報

取締役会議長は山田太郎氏。

江口真二氏は有名な弁護士で当社以外に4社の独立社外取締役に選任されている。

指名委員会（任意）

委員長	氏名	役職
○	田中清	代表取締役社長
	江口真二	独立社外取締役（弁護士）

	山本智	独立社外取締役（大学教授）

報酬委員会（任意）

委員長	氏名	役職
○	江口真二	独立社外取締役（弁護士）
	山田太郎	代表取締役会長
	佐藤健一	取締役専務執行役員

報酬額

（百万円）

取締役区分	総報酬額	内訳			人数（人）
		給与	賞与	株式報酬	
社内取締役	260	100	80	80	4
独立社外取締役	18	10	4	4	2

スキルマトリックス

氏名	役職	会社経営	財務	営業	人事・労務	IT	グローバル	ESG
山田太郎	代表取締役会長	○	○	○	○	○	○	○
田中清	代表取締役社長	○	○	○	○	○	○	○
佐藤健一	取締役専務執行役員	○	○		○	○		
池田明	取締役常務執行役員	○		○			○	
江口真二	独立社外取締役				○	○		
山本智	独立社外取締役		○					○

（解答）

＊社内取締役４名，独立社外取締役２名で，独立社外取締役比率は３分の１となっている。悪くはないが，やはり過半数の独立社外取締役の選任が望ましい。

＊取締役６名のうち，女性がいない。ダイバーシティの観点から問題である。女性を独立社外取締役で選任するのもよいが，社内取締役で選任するほうがより望ましい。また，１名ではなく，複数名選任する必要がある。

＊独立社外取締役に経営を経験した人材がいることが望ましい。

＊取締役議長が社内取締役の会長になっている。議長は，独立社外取締役にする必要がある。

＊江口真二氏は，当社を含めて５社の独立社外取締役を兼務している。個人の時間には限界があるため，取締役会の出席状況を確認する。さらに，取締役をしている企業間の利益相反などをチェックする必要がある。

＊指名委員会の委員長が社長になっている。委員長は，独立社外取締役が担う必要がある。

＊報酬委員会の構成が，社内取締役2名，独立社外取締役1名となっている。独立社外取締役が過半数必要である。

＊取締役の報酬において，独立社外取締役に賞与や株式報酬が付与されている。これは，独立社外取締役のモニタリング機能を弱める。

＊スキルマトリックスで，会長と社長がすべての分野に精通していることが示されている。ただし，これは非現実的であり，スキルマトリックス作成部署が忖度したと考えられる。スキルマトリックスの目的は，取締役全員で，様々な分野をカバーすることである。

第2節のポイント

- 日本のコーポレートガバナンスは，新卒一括採用，人事ローテーション，終身雇用という日本型人事システムの影響を受けている。高度経済成長期には，うまく機能したが，その後は時代に合わなくなった。そして，長らく，日本のコーポレートガバナンスは改善されることはなかった。
- 2014年のスチュワードシップ・コード，2015年のコーポレートガバナンス・コードにより，日本のコーポレートガバナンスは，大きく改善し始める。さらには，2022年に開始した東京証券取引所の新市場区分も，こうした流れを後押しした。
- 指名委員会等設置会社が理想であるが，監査役会設置会社や監査等委員会設置会社であっても，任意の指名委員会と報酬委員会の設置が望ましい。
- 取締役会に占める独立社外取締役の割合は過半数が求められる。多くのプライム市場の上場企業の独立社外取締役比率は3分の1に達しているので，あと一歩である。社外取締役の中には，元経営者が含まれることが望ましい。
- ダイバーシティは，ジェンダーはもちろんだが，国籍やスキルなども重要である。また，ダイバーシティは独立社外取締役ではなく，社内取締役で達成することが求められる。

3　エンゲージメント

投資家が投資先企業と建設的な「目的を持った対話」を行うことをエンゲージメントと言う。投資家と上場企業との対話はこれまでも行われてきたが，エンゲージメントはより進んでおり，投資家と上場企業が目標やその期限についても合意を行う。このエンゲージメントを通じて，投資先企業の企業価値の向上や持続的成長が図られるとともに，投資家やその顧客（受益者）も高いリターンが得られるとする。まさに，投資家と企業にとってウィンウィンの関係が構築されることが期待される。以前から，海外投資家の一部はこうしたエンゲージメントを行ってきたが，2014年に導入されたスチュワードシップ・コードは，エンゲージメントを「スチュワードシップ責任」としていることから，国内の投資家もエンゲージメントを行うようになってきている。

(1)　投資家にとってのエンゲージメントの意義と問題

これまで説明してきたように，株価は長期の利益やキャッシュフローに依存する。エンゲージメントを通じて，利益やキャッシュフローが改善すれば，その分株価は改善することが期待される。また，ESGでも述べたが，ESGの優れた企業に投資することによって超過リターンが約束されているわけではない。しかし，ESGの優れた会社のバリュエーションは相対的に高いため，ESGの改善は株価の上昇をもたらす。このことは，コーポレートガバナンス単独でも同じことが言える。したがって，エンゲージメントを通じて，投資先企業のESGを改善することは，リターン上意義があることである。

ただし，エンゲージメントには，フリーライダー問題が存在する。ある上場企業に投資家２社が投資をしていたとしよう。１社はエンゲージメントを行い，もう１社は単に保有するだけである。エンゲージメントのおかげで，両社とも高いリターンを得ることができたなら，エンゲージメントを行った投資家だけがエンゲージメントのコストを負担し，エンゲージメントを行わなかった投資家はフリーライダーとなり，コスト負担なしにリターンを得ることができる。現在，後述する協働エンゲージメントなどが活発化しているが，フリーライダー問題の明確な解決策はない。

(2) 経営者との対話の難しさ

投資家の対話先は，最初IRから始まり，執行役員，CFO，CEO（経営者，社長）と上がっていくことが多い。そうした中，よく起こる問題は，資本コストの認識である。もちろんプライム市場に上場している大企業の場合，多くの経営者は資本コストを認識しており，同様のベースの中で投資家と企業との対話が行われる。しかし，スタンダード市場や中小の上場企業の経営者の中には，資本コストを明確に理解していない場合もある。IRやCFOは理解していても，最終責任者であるCEOとのコミュニケーションに問題が生ずることがある。投資家は，企業に対し資本コストを説明する義務がある。また，エンゲージメントは，プライム市場の超大手企業よりも，中小の上場企業に対してエンゲージメントを行う場合が多い。なぜならば，投資家の持ち株比率が相対的に高く，エンゲージメントの効果が期待できるからだ。また，上場企業の側も，ある一定以上の株を持つ投資家には，その要求を聞く必要がある。

一部の経営者に資本コストが認識されないのは，株主資本コストが支払利息のように法的拘束力を持つものではないからである。また，ある企業に対する株主資本コストは投資家によってその数値が違っている。上場企業は，資本コストを意識した経営が求められているが，企業自らが試算した株主資本コストと投資家が求める株主資本コストが同じである必要がないのである。こうした状況が，経営者が資本コストを意識するのを妨げている。その結果，「利益は出している。」，「投資家にはしっかり配当を払っている。」，「何年も増益を続けている。」といったことを投資家に言って，投資家への責務はすでに果たしていると勘違いしている経営者が出てくる。繰り返しになるが，こうした経営者に，資本コストをわかりやすく説明するのは，投資家の責務である。それを怠ると，経営者とのミーティングでまったく話がかみ合わず，お互いに無駄な時間を使ってしまうということが起こる。

(3) エンゲージメントのプロセス

前述したが，エンゲージメントは投資家と企業との間で，目標設定とそれを達成する期間の設定が行われる。目標設定にはROEなどのKPIが用いられ，期間は3年程度が多いように思われる。そして，その後，投資家のモニタリングが行われ，企業との定期的なミーティングでその進捗状況を確認する。

もし，その進捗状況が思わしくなければ，投資家は次のステップ（エスカレーション）に移る場合がある。これはケースバイケースであるが，一般的には対話先のレベルを上げることが多い。たとえば，IRと対話していたのをCFOとのミーティングを依頼するなどである。投資家が，それでも納得しなかった場合は，議決権行使で取締役の再任に反対する，株主提案を出す（あるいは別の投資家が行った株主提案に賛成する），そして売却である。売却は最終手段となる。

(4) IRの役割の重要性

エンゲージメントにおいて，投資家と経営者とをつなぐIRの役割は重要である。まず最も重要なことであるが，IRの役割は株価を上げることではない。IRの役割は，その企業の本来の価値を投資家に伝え，市場との認識ギャップをできるだけ小さくすることである。企業が過小評価されていると，企業価値の増大につながらない買収のターゲットとなる。一方，企業が過大評価されると，市場からの期待から，短期的な利益を優先し，長期の企業価値を犠牲にする可能性がある。日頃の投資家とのコミュニケーションも，IRの役割であり，そこで投資家，とくに長期投資家との信頼関係が構築できるかどうかも，エンゲージメントでは重要である。これについては，後述する。

(5) エンゲージメントの問題点

ここで，上場企業側から見たときのエンゲージメントの問題点を2つ挙げたい。1つは，市場に様々な投資家が存在し，そのエンゲージメントの内容が異なることである。中には，相反するエンゲージメントが行われることがあるかもしれない。もう1つは，エンゲージメントの内容が同じであっても，投資家によってその最終目的が異なっている場合である。実は，この2つの問題の解決策は類似している。結論から言えば，長期投資家との関係構築がポイントとなる。

まず，投資家によって，企業に求める内容が異なる場合についてである。企業サイドでも，すべてのエンゲージメントに対応することは難しく，もしエンゲージメントの内容が相反するものであれば不可能である。したがって，企業は，こうしたエンゲージメントを取捨選択する必要がある。そして，長期の企業価値向上に資すると考えられる投資家のエンゲージメントのみを受ければよい。たとえば，短期的なコスト削減を求めてきている投資家と，長期の設備投資を勧める投資家がいたとする。もちろん，どちらが正しいか一概には言えない。しかし，前者の投資家は，短期的に利益が出て，株価がそれに反応して上昇した場合，売る可能性が高い。元々，そうした目的であったのかもしれない。そして，こうした短期的な利益の獲得は，長期的な企業価値を棄損してしまう可能性がある。一方，長期の設備投資を求めている投資家は，その投資の効果が出るまでの長い期間，株式を売却しないであろう。また，その設備投資の効果があった後も，引き続き株主でいる可能性は高い。企業にとっても，こうした長期投資家こそが，いっしょになって企業価値を上げていくパートナーとなる。もちろん，短期投資家の要求を拒絶した場合，彼らは議決権行使等のエスカレーションを行ってくるかもしれない。しかし，その場合は，長期投資家が企業側に賛成するため，議決権行使で敗れる可能性は低いと考えられる。

次に，同じエンゲージメントの内容であっても，投資家によってその目的が異なる場合も考えてみたい。ケースは自社株買いで，前出した短期投資家と長期投資家のフレームワークで考えてみたい。本書ですでに取り上げたが，自社株買いは，シグナリング効果で株価は上昇する。短期投資家は，これを狙って自社株買いを求めてくる場合が多い。そして，自社株買いの発表後，株価が上がったところで売り抜ける。一方，長期投資家が自社株買いを求めるのは限定的である。その企業に，資本コストを上回るような設備投資計画がない場合や，資本コストを下回る案件に設備投資をしようとしている場合に限られる。そして，彼らは自社株買いを行った後も株を保有し続ける。長期投資家と短期投資家が，株主還元をエンゲージメントしてきた場合，それに従って企業が自社株買いを行った結果，短期投資家はその時点で売却する。しかし，長期投資家はその後も持ち続けるので，短期投資家の売却は問題ではない。もし，長期投資家を名のっていて，自社株買いの発表と同時に売り抜ける投資家がいれば，彼らは長期投資家ではない。

短期投資家が自社株買いを求め，長期投資家が株主還元ではなく設備投資を求めているなら，企業は，短期投資家のエンゲージメントを拒否し，長期投資家のエンゲージメントを受け入れるべきである。その結果，前述したとおり，短期投資家のエスカレーションや売却が予想されるが，長期投資家が企業側に立つので問題はない。IRは，まず，接触してくる投資家がどういったタイプの投資家であるか判別するとともに，企業とともに企業価値の増大を図ろうとする長期投資家との関係構築をする必要がある。

（6） 具体的な対話の内容

次に，実際どのような対話が行われるのかについて見てみたい。金融庁は『投資家と企業の対話ガイドライン』を2018年に策定し，2021年に改訂している[4]。以下がそのガイドラインの項目である。

4 金融庁（2018，2021）『投資家と企業の対話ガイドライン』https://www.fsa.go.jp/news/r2/singi/20210611-1/01.pdf

図表3－4　『投資家と企業の対話ガイドライン』の項目

1. 経営環境の変化に対応した経営判断
2. 投資戦略・財務管理の方針
3. CEOの選解任・取締役会の機能発揮等
   CEOの選解任・育成等
   経営陣の報酬決定
   取締役会の機能発揮
   独立社外取締役の選任・機能発揮
   監査役の選任・機能発揮及び監査の信頼性の確保・実効性のあるリスク管理の在り方
4. ガバナンス上の個別課題

以下では，この項目に従って，対話の内容について検討する。「1．経営環境の変化に対応した経営判断」であるが，まず投資家は，様々な上場企業の経営状況に精通しているが，自らが経営のプロではない。また，投資先企業についても社外からの観察になるので，企業情報では圧倒的に経営者より劣る。したがって，投資収益率や資本コストの議論が中心になる。すなわち，各事業部門のROICや企業全体のROE，そして，それらと対比されるWACCや株主資本コストについて議論がなされる。とくに，各事業部門のポートフォリオをどのように発展させていくのか，また，ROICがWACCを下回っている事業部門で，今後ROICの改善が見込まれない場合，どのような処置がとられるのかなどがポイントとなる。次に，中期経営計画の策定と公表が求められることがある。この場合，この中期経営計画がどのように企業価値向上に資するのか説明が求められる。さらに，昨今では，ESG・サステナビリティとも関連させた議論も活発である。この場合，自社の状況だけでなく，サプライチェーンを含めてモニタリングがされているかどうかが議論となる（とくに，グローバルベースでの児童労働，強制労働）。そして，ネットゼロでも触れたが，気候変動への取り組み，すなわちGHG排出量の削減計画も議論され，最近は生物多様性や人的資本も話題となる。これら以外に，デジタルトランスフォーメーションやサイバーセキュリティなども重要なトピックスである。

「2．投資戦略・財務管理の方針」に移る。投資戦略では，資本コストを上回る設備投資がされ，企業価値向上に資するかどうかがポイントとなる。また，企業価値向上につながる研究開発投資や人的資本投資がなされているかどうかも議論となろう。財務戦略では，まず営業キャッシュフローの水準及びその増大策が議論されると同時に，余剰資金，非事業資産の処理や株主還元（増配，自社株買い）などもトピックスとなる。

「3．CEOの選解任・取締役会の機能発揮等」は，まさにコーポレートガバナンスに関するものであり，本章で述べたコーポレートガバナンスの節を参考にしていただければよい。まず，CEOの選解任については，指名委員会の設置が前提となる。過半数を独立社外取締役が占めるとともに，委員長も独立社外取締役である必要がある。また，この委員会では，CEOに求められる資質，選任の透明性や客観性の確保，後継者プログラムなどが取り上げられる。任意の指名委員会も機能していれば問題ないが，やはり法的な裏付けのある指名委員会等設置会社のほうが望ましい。報酬については，報酬委員会を通じて，業績連動やストックオプションなどの株価連動の報酬が設けられているかどうかがポイントとなる。ただし，こうした報酬は，経営者による利益の先食いを防ぐため，長期的なものである必要がある。監査役会，監査委員会どちらであっても，監査役や監査委員会のメンバーの適性，彼らへのサポート体制，内部監査との連携などが議論されよう。独立社外取締役は，やはり過半数が望ましい。また，独立社外取締役の取締役会での貢献についても聞かれることが出てきている。さらに，社外取締役への直接面談の依頼も徐々に増えてきている。ダイバーシティは，ジェンダーはもちろん，グローバルに活動する企業の場合，国籍なども対象となる。最後に，買収防衛策を導入している場合は，その破棄を求められる。

「4．ガバナンス上の個別課題」は，株主総会の在り方，政策保有株式，アセットオーナー，株主と企業の対話の充実からなる。株主総会の在り方については，総会議案の十分な検討期間がないことが問題視される。株主総会前の十分な期間を考慮して，的確な情報が株主に提供されることが求められる。政策保有株についてはその削減が基本であるが，保有する場合は，その説明責任が要求される。アセットオーナーについては，自社が持つ企業年金に関するものである。ここでは，上場企業の下に，投資家（アセットオーナー）が存在するというねじれ現象への対応が求められる。すなわち，利益相反の対策であり，企業年金と母体企業のビジネスとの間の独立性が重要となる。また，企業年金における専門人材の強化もトピックスとなる。最後に，株主と企業の対話の充実であるが，これは，前述したが，投資家と独立社外取締役との対話を言っている。独立社外取締役へのインタビューを求める投資家が，徐々に増えていることが背景にある。

（7）　協働エンゲージメント

各投資家が，それぞれのエンゲージメントを行うのではなく，複数の投資家が協働してエンゲージメントを行う，協働エンゲージメントが徐々にではあるが一般化してきている。これは，投資家と投資先企業両方にメリットがあると考えられる。まず，投資家サイドでは，メンバーの持ち株が合算されるため，企業への影響力は極めて大きくなる。また，持ち株比率が小さい投資家でも，良いエンゲージメントのアイデアがあれば取り上げられる。上場企業サイドも，様々なエンゲージメントが行われるより，投資家でまとまった提案のほうが受け入れやすいと考えられる。

協働エンゲージメントは，各投資家が自主的に集まるよりは，様々なプラットフォームが参加して行われることが多い。プラットフォームは，国内のものもあれば，グローバルなものもあり，エンゲージメントを行う投資家は複数のプラットフォームに参加している。それぞれのプラットフォームは，コーポレートガバナンス，気候変動等テーマが決められており，そのテーマに沿った協働エンゲージメントが行われる。国内では，IICEF（機関投資家協働対話フォーラム）が，エンゲージメントのプラットフォームとしては珍しく，広範囲のテーマを扱っている[5]。また，ESG情報の開示に関しては，EDSG（一般社団法人ESG情報開示研究会）がある[6]。国外で見ると，アジアリージョナルの団体とグローバルな団体に分けられる。アジアリージョナルのコーポレートガバナンスに関しては，ACGA（Asian Corporate Governance Association）が20年以上の歴史を持つ[7]。また，気候変動に関してはAIGCC（Asia Investor Group on Climate Change），サプライチェーンの強制労働についてはIAST APAC（Investors Against Slavery and Trafficking Asia Pacific）がある[8]。次に，グローバルベースのコーポレートガバナンスは，ICGN（International Corporate Governance Network）が30年近い歴史を持っており，日本企業へのエンゲージメントも積極的である[9]。環境及び社会については，世界の多くの投資家を会員に持つPRI（Principles for Responsible Investment）の影響は大きい[10]。また，特定の産業にフォーカスした団体もある。製薬企業へのエンゲージメントを行うAccess to medicine，食品に特化したFAIRR（Farm Animal Investment Risk & Return）がある[11]。また，これらのプラットフォームは，お互い連携していることも多い。

5 一般社団法人機関投資家協働対話フォーラム https://www.iicef.jp/
6 一般社団法人ESG情報開示研究会 https://edsg.org/
7 Asian Corporate Governance Association https://www.acga-asia.org/
8 Asia Investor Group on Climate Change https://aigcc.net/
Investors Against Slavery and Trafficking Asia Pacific https://www.iastapac.org/
9 International Corporate Governance Network https://www.icgn.org/
10 Principles for Responsible Investment https://www.unpri.org/
11 Access to medicine foundation https://accesstomedicinefoundation.org/
FAIRR https://www.fairr.org/

設例3－3

問題

ある食品会社へのエンゲージメントである。この会社は食品事業だけでなく，次の成長を求めて，この20年ほど医薬品事業へも進出している。投資家は，この企業のバリュエーションが，食品会社の平均バリュエーションと医薬品会社の平均バリュエーションの加重平均よりも低いことを指摘している。いわゆるコングロマリット・ディスカウントが起きているので，医薬品事業を切り離すこと（カーブアウト）をエンゲージメントしてきた。この企業は，このエンゲージメントにどう応えるべきか。

解答

コングロマリット・ディスカウントとは，多角化で複数の事業を持つ企業が，単体事業の企業よりも株式市場からの評価が低くなる，すなわちディスカウントされるということである。その要因として，事業を複数持つことによって経営の効率が悪化するというものである。さらに，高収益の事業の収益を，低収益の事業に振り向ける等，ネガティブ面が指摘されることもある。一方，複数の事業同志のシナジー効果が期待できるため，コングロマリット・ディスカウントではなくて，コングロマリット・プレミアムだという反対意見もあることも確かである。

しかし，投資家にとってのコングロマリット・ディスカウントの本質は，別のところにある。投資家はポートフォリオの中で産業・事業分散を行うことができるため，投資先の企業に対して単一事業であることを望むのである。投資家は，産業ごとに銘柄（企業）を選択している。今回のケースであれば，投資家は，食品産業の中で有望な企業を選択し，同様に医薬品産業でも有望な企業を選択する。あえて，両方の事業を行っている企業を保有する必要はない。リスクはポートフォリオで分散される。そのため，複数事業を行っている会社が相対的に敬遠され，結果としてコングロマリット・ディスカウントが起こりやすくなる。その結果，こうしたコングロマリット・ディスカウントになっている企業に，カーブアウトなどを求める傾向がある。実際，欧米の大企業の中には，こうした投資家からのプレッシャーで，事業売却や事業独立などが行われているケースがある。

以上は，投資家の側からの見方であるが，それでは投資先となっている企業の側から見た場合はどうなるのであろうか。とくに，リスクの観点から見た場合はどうなるであろうか。企業が継続していくためには，多角化は必須である。単一事業だと，経済環境の変化で倒産の可能性さえ考慮する必要がある。企業も，投資家同様，事業ポートフォリオを持っている。ある程度分散させないと，企業の存続リスクが高まる。投資家は，企業に単一事業を要求するが，自らのポートフォリオを1銘柄だけにするようなことはしない。さらに，どのような事業でも永久に続くことはない。今回のケースでは，食品事業が成熟期に達し，次の成長事業として医薬品事業に進出した。この医薬品事業をカーブアウトしてしまうと，この企業は成長の機会を失うことになる。以上から，企業から見た場合は，複数の事業を持つことはリスクを軽減するとともに，永続的な成長を達成することにもつながる。

それでは，投資家と企業どちらが正しいのであろうか。実はどちらも正しい。それぞれの立場から，どちらも正論であり，お互い統一の結論に達することはない。したがって，今回のケースは，企業側は，投資家からのエンゲージメントを盲目的に受け入れる必要はない。その結果，投資家から株を売却されても，医薬品事業を失うリスクのほうが大きいと考えられる。

第3節のポイント

- エンゲージメントを通じて，利益・キャッシュフローやESG等が改善すれば，その分企業価値や株価が上昇することが期待される。
- 上場企業の経営者の中には，資本コストを認識していない場合がある。そのため，エンゲージメントの議論がかみ合わなくなる可能性がある。投資家は，こうした経営者に資本コストについて丁寧に説明する必要がある。
- エンゲージメントは投資家と企業との間で，目標設定とそれを達成する期間の設定が行われるが，その進捗が思わしくないと，投資家はエスカレーションに移る。すなわち，エンゲージメント先のレベルを上げる，議決権行使で取締役就任に反対を出す，あるいは株主提案を提出する。そして，最終手段は売却となる。
- IRの本来の目的は，その企業の本来の価値を投資家に伝え，市場との認識ギャップをできるだけ小さくすることである。そして，長期投資家との関係構築も，エンゲージメントでは重要である。
- 複数の投資家が協働してエンゲージメントを行う，協働エンゲージメントが徐々に普及してきている。

Column 11

外国人投資家のエンゲージメント

日本の株式市場の復活もあり，多くの外国人投資家が日本の株式市場に注目している。そのため，外国人投資家からのエンゲージメントも増えてきている。グローバル化が進んでいるとはいえ，歴史的な違いもあり，また地域により文化等も異なっていることも確かである。そのため，日本企業と欧米の企業も文化的な違いも含めて，異なっている。多くの外国人投資家は，欧米系が多いため，欧米企業を標準にして，日本企業に対してエンゲージメントを行う。その中には，日本独特の文化や暗黙のルールなどを理解せず，欧米流のコミュニケーションで接してくる。一方，グローバル化した日本の大企業は別として，ドメスティックな日本企業は，こうしたコミュニケーションにとまどってしまうことが多い。その結果，建設的なエンゲージメントには至らず，投資家，企業とも満足した結果が得られないことが起こる。

以前は，日本企業に長年投資してきた外国人投資家が多く存在し，日本独特の企業文化を理解しており，適切なコミュニケーションを行ってきた。しかし，日本の株式市場の長期の低迷の中で，こうしたベテランの外国人投資家は，激減してしまった。その結果，現在，日本企業にエンゲージメントを行う外国人投資家は，日本市場への投資経験の浅い者が多い。その結果，前述したコミュニケーションの問題が起こる。この問題の解決は，投資家，企業とも相手を理解する努力が必要である。時間のかかる解決策であるが，お互い歩み寄る以外方法はないように思われる。

4　AIと企業分析

AIは日進月歩で発展している。そのため，これを企業分析に取り入れることで，より精度の高い分析を目指す投資家も多い。特に，一昨年から生成AIが世界中で普及してきており，今後どのように企業分析に用いられるか，予想をするのはたいへん難しい。したがって，この節では，企業分析や投資に対して，この５～10年のAIの導入について紹介する。

(1) ポートフォリオマネージャーがいらなくなる？

2010年代後半，AIの急激な進歩により，多くの投資家は，これを自分たちの投資プロセスに取り入れようとした。当時すでにAIは将棋や囲碁で人間を凌駕しており，投資の世界でも同じことが起こるのではないかとよく話題となった。そして，ポートフォリオマネージャーがAIに置き換えられるのではないかと，資産運用の世界で激震が走った。1つの例として，これまで人間が開発してきたクオンツモデルについて，AIを利用することによってより高度なものを開発しようという試みがなされた。モデルに導入するファクターを決めるのは，人間にとってはトライアンドエラーを繰り返し，多大な時間を使うことになるが，AIなら一瞬である。より高い説明力を持つモデルを構築できる。実際，超高速トレードではAIに置き換えられていった。それでは，長期投資ではどうだったのであろうか。

2017年頃から，AIでポートフォリオを組成し（一部人間のファンドマネージャー判断も含む），機関投資家向けや投資信託のファンドが売り出された。しかし，2つの大きな問題を抱えることになった。まず，パフォーマンスが思わしくなかった。確かに，モデルの説明力は高くても，それは過去のデータによるものであり，これまでにないような外的環境の変化などを考えれば，将来を保証するものではない。だからと言って，これは人間が開発したモデルも同じである。人間もAIも過去データだけでは，将来予想に限界があったのである。もう1つの問題は，パフォーマンスが悪かった場合，説明ができないというものである。モデル構築からAIが行っているため，ブラックボックスになっている部分が多く，説明責任を果たすことができない。ここは，人間のポートフォリオマネージャーのほうが優れている。この時点では，AIが判断するファンドは成功したとは言えない。多くのポートフォリオマネージャーは，ほっとしたことであろう。

(2) 人間のポートフォリオマネージャーのサポートとしてのAI

次に試みられたのが，ポートフォリオマネージャーが意思決定することのサポートとして，AIを用いることである。当時，AIは画像認識で大きな成果を出していた。これを株式のチャート分析に用いることが試みられた。たとえば，過去1年のTOPIXチャートと最も類似したチャートをAIで見つけ出すのである。そして，その後に起こったことが再度起こるのではないかと予想する。しかし，これはあまり説得力がない。たとえば，過去1年のTOPIXチャートが，1920年のS&P500とほぼ同じ形状であることをAIが見つけたとしよう。しかし，現在の日本と当時の米国では，経済環境は全く異なっている。1920年のS&P500の次に起こったことが，現在のTOPIXに起こるとは思えない。また，別の画像を使ったAIの利用として，経営者が投資家に語っているときの顔を認識するというものがある。その経営者の顔の過去データを分析し，現在語っている経営者が自信を持っているかどうかを判別するのである。こちらは，チャートより説得力がある。

また，短期のイベント投資にもAIは利用可能である。小売業は，毎月既存店売上高を発表している。この数値によって，株価は上下することが多い。そのため，この数値を予想できれば短期のリターンを得ることができる。ある小売企業が，郊外店が中心であれば，駐車場の車の台数である程度客数を予想することができる。したがって，サテライトで駐車場の車のデータを分析して，既存店売上を予想することが可能である。あるいは，店舗に入っている客のGPSも客数把握に利用できる。しかし，こうしたデータ収集自体が違法性やインサイダー情報の問題があるので，十分注意が必要である。

ポートフォリオマネージャーの投資判断に寄与するAIでは，NLP（Natural Language Processing）が最も期待された。ポートフォリオマネージャーが判断するためには，極めて多くのデータを分析する必要があり，これは人間では不可能である。そこで，NLPが注目されるようになった。投資先企業に関する情報は，極めて多い。企業自体が出す情報として，まず報告書類があるが，年々その数が増えていると同時に，各報告書の情報量も増えている。有価証券報告書，CSR報告書，サステナビリティ報告書，統合報告書など，これからも新しい報告書が出てくるかもしれない。これらは，投資家の要望によるものであるが，投資家自身が，こうした報告書を読み込めていないのが現状である。また，決算ごとに，決算説明会資料，補足資料なども分析する必要があり，さらに，日々プレスリリースが発表される。もちろん，情報は企業からだけではない。様々なメディアで，その企業に関する情報発信がなされる。こうした情報をNLPによって，網羅的に把握し，ポートフォリオマネージャーの判断材料になることが期待された。その1つが，ESG情報である。次に，このNLPにおけるESG情報の分析について紹介する。

（3） NLPによるESG情報の分析

投資家向けのESG情報（レーティング）は，MSCI，Sustainalytics（モーニングスター），トムソンロイター等様々な情報ベンダーによって提供されている[12]。これらは，人間が公開情報を基に上場企業のESGを評価し，レーティング（格付け）を付与している。こうしたESGレーティング会社は，元々独立した会社であったが，現在では大手情報ベンダーの傘下に入っている。これらのレーティングは，人の目による評価であるため，もちろんバイアスは含まれる。また，ベンダーによって違いはあるが，レーティングのアップデートの頻度は半年，1年に1回程度である。

こうしたESGレーティングにAIが使われるようになった。上場企業から発信される情報だけでなく，メディア等あらゆる情報ソースから定量的に評価するものである。情報更新の頻度は日次である。RepRisk, TruValue Labs（ファクトセット），アラベスク，LSEG（REFINITIV）などが，ESGレーティングに参入してきた[13]。人間の目によるスクリーニングは，RepRisk以外はほとん

12 MSCI https://www.msci.com/sustainable-investing/esg-ratings
Sustainalytics https://www.sustainalytics.com/
13 RepRisk https://www.reprisk.com/
TruValue Labs https://www.jpx.co.jp/corporate/sustainability/esgknowledgehub/esg-rating/08.html
アラベスク https://www.esgbook.com/
LSEG（REFINITIV） https://www.lseg.com/ja/data-analytics

どなく，人間によるバイアスがない（ただし，これがよいことかどうかは評価が分かれる）。AIによるESG評価は，その高い更新頻度が魅力であるが，問題もある。ある企業でスキャンダルが発生すると，一気にレーティングが悪化する。メディア等の批判記事を受けての結果である。ただし，投資家としては，そのスキャンダル前にこの企業のリスクを認識したいところである。すなわち，AIを使っても判断が後追いになっていることは否めない。今後，AIの精度が高まり，こうしたスキャンダルが起こる前に，投資家に警鐘を鳴らすようになれば，AIによるESG評価は大きく普及すると考えられる。

（4）　今後の展望

企業分析へのAIの利用であるが，生成AIの登場により，どこまで進化するか予想することは難しい。ただ，NLPのように情報収集に大きな貢献をするのではないかと考えられる。その結果，アナリストの仕事の一部はなくなるであろうが，将来予想というより創造性が求められる業務に注力することになるように思われる。ただし，まさに日進月歩でAIは発展しているので，再びポートフォリオマネージャーやアナリストが不要になるという話が出てくるかもしれない。

第4節のポイント

- AIによって，過去データに対してより高い説明力を持つクオンツモデルを構築できる。しかし，将来の予想ができるかは別問題である。
- 短期のイベント投資には，AIは一定の貢献をしている。
- NLPによって，膨大な情報を網羅的に把握し，ポートフォリオマネージャーの判断材料を提供することが行われている。とくに，ESG情報では，普及し始めている。
- 日進月歩でAIは発展しているので，どのように企業分析に応用できるかフォローし続ける必要がある。

おわりに

ファンダメンタルズ分析は，正解がないのと同時に終わりもない。１企業に関して過去分析，業績予想，理論株価の導出を行ってスプレッドシートを完成した後も，企業への取材や決算説明会後は，スプレッドシートを見直す。これの繰り返しである。さらに，著者の場合，自分で作成したスプレッドシートの組み立てを変えたくなり，２年に１回程度，すでに完成しているスプレッドシートを一から作り直す。

株式投資は華やかなイメージはあるが，そのベースとなっているファンダメンタルズ分析は，まさに地味な作業の繰り返しである。気が遠くなるような作業であるのにもかかわらず，何年，何十年と続けられるのは，やはり分析する企業に対する興味が尽きないからであろう。コラムでも触れたが，興味があるかどうかが最も重要なような気がする。

本書を基に，実際の企業分析をやってみることをお勧めする。その中で，何か疑問点が出た場合，本書に戻っていただければと思う。そのとき，本書が何かヒントを示せていれば幸いである。本書を通じ，ファンダメンタルズ分析に興味を持っていただき，地道な分析をする仲間が１人でも増えることを願っている。

【著者紹介】

辻本 臣哉（つじもと　しんや）

1989年一橋大学経済学部卒業，東京海上火災保険入社，保険営業を担当する。1991年東京海上ＭＣ投資顧問（株）で，アナリスト業務を開始，その後アナリストのヘッドを務める。2001年明治ドレスナー・アセットマネジメント（株）に入社。同社調査部長を経て，2007年ＲＣＭアジアパシフィック（在香港，現アリアンツ・グローバル・インベスターズ）に，アジア地域（日本を含む）の調査統括として入社。2011年ニッセイアセットマネジメント（株）に移り，2012年にシンガポールに赴任。2013年から，ニッポン・ライフ・グローバル・インベスターズ・シンガポールCEO。10年以上に渡り，アジア及びグローバルエマージング株を運用する会社を経営する。2023年に帰国し，柏総合研究所を設立。
博士（経営学）。CFA協会認定証券アナリスト。日本証券アナリスト協会認定アナリスト。

企業価値がわかる財務分析講座

2025年５月１日　第１版第１刷発行

著　者　辻　本　臣　哉
発行者　山　本　　継
発行所　㈱ 中 央 経 済 社
発売元　㈱中央経済グループパブリッシング

〒101-0051　東京都千代田区神田神保町1-35
電　話　03（3293）3371（編集代表）
　　　　03（3293）3381（営業代表）
https://www.chuokeizai.co.jp
印刷／三英グラフィック・アーツ㈱
製本／㈲　井　上　製　本　所

ISBN978-4-502-53681-6　C3034